ARCHITECTURE.

COURS
GRAPHITECHNIQUE
DES SCIENCES ET ARTS,

DESTINÉ AUX JEUNES-GENS.

ARCHITECTURE

CONTENANT la Pratique de la Coupe des Pierres, la manière de dessiner les cinq Ordres, avec les différens Profils qu'en ont donnés les grands Maîtres; la Construction des Edifices Publics, Civils, et Militaires; les Fortifications, la Construction des Ponts et Chaussées; des remarques sur les Monumens anciens et modernes; l'emploi des différens Matériaux; la Distribution et Décoration intérieures et extérieures; la Mesure des Plans et Bâtimens, des Bois et Charpentes, etc.

Ejus-modi possessiones et viatica liberis parari à parentibus oportet, quæ etiam è naufragio unà possint enatare.

Les pères et mères doivent approvisionner leurs enfans de choses qu'ils puissent sauver avec eux du naufrage.

Vitruv.

A PARIS,

Chez JANINET, Rue du Chaume N°. 4 au Marais.

Et Chez les Principaux Libraires et Marchands de la République.

De l'Imprimerie du Cours GRAPHITECHNIQUE des Sciences et Arts.

AN 7.

INTRODUCTION.

ENTRE toutes les sciences qui occupent les hommes, l'Architecture doit tenir un des premiers rangs. Si nous remontons à son origine, nous ne trouverons dans son principe, qu'un mode grossier de construire des cabanes, pour se défendre des injures de l'air. Mais à mesure que les sociétés se sont perfectionnées, l'Architecture a du s'étendre, et se développer. Elle semble même nous présenter un moyen sûr, de juger du degré de civilisation, auquel les divers peuples sont parvenus. Les Nations ont disparu, mais leurs Edifices ont résisté aux ravages du temps; et ils attestent mieux qu'aucun livre, le degré de puissance ou de foiblesse des Etats; ils nous instruisent du goût, et du génie des peuples, de l'étendue de leurs lumières, et de leurs progrès dans les arts.

Quel vaste sujet de méditation offriroit donc au Philosophe, le tableau des causes physiques et morales qui ont modifié l'art de bâtir, et lui ont fait recevoir des mains de la nature, des formes si différentes, suivant la diversité de ses origines! en portant ses regards de la cabane du laboureur aux palais des rois, de la hutte du sauvage aux masses Pyramidales que l'orgueil semble avoir élevées, pour s'y ensevelir, de la demeure ambulante du berger aux temples des Dieux, il y découvriroit le caractère propre de chaque nation, ses mœurs, ses idées politiques et religieuses, les obstacles qui ont arrêté en certains pays les progrès de l'art, et les moyens qui, dans d'autres, ont concouru à sa perfection. Et quel parti l'Histoire elle-même ne tireroit-elle pas de ces précieux documens?

Mais autant l'Architecture mérite d'estime, autant elle demande de talens et de connoissances dans ceux qui s'y destinent. On ne peut lire sans étonnement le détail de tout ce que *Vitruve* éxige d'un Architecte .... il doit connoître toutes les parties de la Numération, pour calculer et apprécier ses compositions, faire des devis, etc. Il doit posséder l'Algèbre, pour généraliser ses méthodes, et abréger son travail; il doit savoir la Géométrie, puisque ce n'est que par son secours, qu'on parvient à résoudre les difficultés qui peuvent se rencontrer; il doit être Méchanicien, afin de pouvoir faire construire au besoin les machines propres à mouvoir facilement les fardeaux les plus considérables; Il doit être Appareilleur, pour faire couper les pierres avec intelligence et économie, suivant le développement des courbes et voussures qui entrent dans ses plans ; Il doit être versé dans tous les genres de Dessin, pour décorer et distribuer avec goût et sans confusion, toutes les parties qui doivent être ornées; il doit savoir la Perspective, non-seulement pour décorer les intérieurs, mais encore pour juger de l'effet que doit produire l'ensemble d'un édifice, suivant les divers points d'où il peut être apperçu ; il doit être Physicien, pour connoitre la nature des différens matériaux, et leur usage, prévoir leurs effets, conduire les eaux, les élever, ou s'en garantir; enfin, pour mériter le titre *d'Architecte*, il faut réunir presque toutes les connoissances humaines, puisque les productions de cet art nécessitent l'emploi de toutes les substances de la nature.

La réunion indispensable de tant de connoissances, loin de décourager l'homme de génie, doit au contraire piquer son amour propre, exciter son émulation et le lancer avec une force irrésistible dans une carrière qui offre tant de gloire à acquérir. Celui qui a conçu la noble ambition de s'immortaliser avec les *Vitruve*, *Scamozzi*, *Vignole*, *Perrault*, *Mansard*, *Soufflot*, *David le Roi*, etc. peut-il être arrêté par aucune difficulté? D'ailleurs, toutes ces études, qui semblent d'abord exiger un temps si considérable, se prêtent un secours mutuel ; une lumière acquise dans une partie, sert de flambeau pour toutes les autres ; et le travail en devient et plus court et plus facile. Toutes les sciences sont tellement liées entr'elles, que si nous sommes une fois initiés dans quelqu'une, nous trouvons bientôt la clef de toutes les autres.

COURS

COURS
GRAPHITECHNIQUE
DES SCIENCES ET ARTS,
DESTINÉ AUX JEUNES-GENS.

ARCHITECTURE.

I. LEÇON.

L'ARCHITECTURE est *l'art de bâtir suivant des règles et des proportions données.*

Un édifice construit d'aprés les principes de cet art, doit réunir la solidité, la commodité, l'élégance, et le caractère particulier de sa destination. Avant d'en poser la première pierre, l'Architecte doit bâtir, pour ainsi dire, sur le papier. C'est là qu'il doit méditer long-temps la nature de son projet, en considérer et concilier l'ensemble et les détails, prévoir les obstacles et les écarter.

Les élèves doivent donc s'exercer à dessiner les diverses parties qui entrent dans la composition d'un bâtiment. Il faut pour cela, qu'ils soient munis de plusieurs Compas de différentes grandeurs à pointes d'acier, dites *pointes sèches;* d'un plus grand Compas garni d'un porte-crayon, d'une plume d'acier et d'une ralonge; de plusieurs Règles de différentes longueurs; d'un Rapporteur ou demi-cercle de métal; d'un autre demi-cercle de corne, ou de toute autre matière transparente; de Crayons de mine de plomb montés en bois; de Pinceaux de différentes grosseurs; d'Encre de la Chine; de Carmin ou d'encre rouge;

A

de Bistre en pain ou en coquille; de Colle à bouche; de Gomme élastique plus commode que la mie de pain pour effacer les traits.

Comme tous les dessins de l'Architecture demandent à être éxécutés avec la plus grande prècision possible, et qu'on ne peut y parvenir, qu'en les traçant sur une surface parfaitement lisse et unie, les élèves devront se servir de bon papier et le tendre de la manière qui suit.

Manière de coller le Papier.

On mouillera avec une éponge le dos de la feuille de papier dont on veut faire usage, ou bien on la mettra pendant quelque temps entre plusieurs feuilles mouillées; puis, on l'étendra sur une table, ou sur un ais de bois léger préparé à cet effet, et on en collera les bords avec le plus grand soin, de manière que la colle occupe au pourtour, une largeur d'environ un doigt, ou moins, s'il est possible; ensuite, quand on s'appercevra que la feuille commence un peu à sécher, on la couvrira de papier et d'un ais, au-dessus duquel on mettra un poids d'environ un *Myriagramme;* on laissera le tout en cet état, jusqu'à ce que la feuille soit parfaitement seche.

On peut se servir, pour cette opération, de toute sorte de colle, mais celle à bouche est plus avantageuse. Pour l'employer, il faut l'humecter sur les lévres et en enduire les bords du papier, que l'on applique ensuite sur la table; puis, pour l'y attacher d'une manière fixe, on couvre la partie humectée d'un autre papier, en appuyant fortement avec le plat de l'ongle ou un brunissoir; enfin, on fait sécher la feuille avec les mêmes précautions que ci-dessus.

Quand on soupçonne que le papier dont on veut se servir, n'est pas d'une bonne qualité, ou n'est pas assez collé, on fait fondre un peu d'alun dans l'eau avec laquelle on doit le mouiller.

Il faut encore, pour tracer exactement toutes les parties d'un dessin

dessin, savoir équarrir son papier, c'est-à-dire, établir des lignes de foi selon lesquelles on puisse placer des figures dans une direction certaine soit verticale, soit horizontale, parallèle ou inclinée.

I. *Manière d'Equarrir son Papier.*

Si la feuille de papier n'est pas collée sur une table, on la prendra par les deux extrémités A et B, (*fig.* 1, *pl.* 1); on les mettra l'une sur l'autre, et avec deux doigts on formera un petit pli en C; on fera la même chose pour avoir le milieu G des deux extrémités inférieures D et E; par ces deux plis, comme par des sections, on menera la ligne C G, qui partagera la feuille en deux portions égales. Puis, on pliera une seconde fois la feuille, en mettant l'un sur l'autre les deux premiers plis C, G; on pincera de nouveau, pour avoir le milieu H; du point H comme centre, et d'une ouverture de compas prise le plus près possible des extrémités C, G de la feuille, on décrira la circonférence M L G K I C; ensuite, du point C comme centre, et d'une ouverture de compas donnée ou prise à volonté, on fera sur cette circonférence les sections M, I; puis, de la même ouverture de compas et du point G, on fera les sections L, K. On aura alors quatre sections par lesquelles on menera des lignes qui formeront un cadre très régulier.

II. *Manière d'Equarrir le Papier.*

Pour établir la principale ligne A B (*fig.* 2), on pliera la feuille de papier, comme nous l'avons enseigné ci-dessus; puis, des extrémités A et B, et d'une ouverture de compas plus grande que la moitié de la feuille, on décrira les arcs C E D, et C F D, qui donneront les sections C et D par lesquelles on menera la ligne de foi horizontale, qui divisera la hauteur du papieren deux portions égales, en faisant avec la première ligne A B des angles droits. Ensuite, pour former le cadre, d'une ouverture de compas donnée ou prise à volonté, on menera les lignes

GAH, KBL parallèles à la ligne de foi horizontale; on menera de même les lignes GCK, HDL parallèles à la ligne verticale AB.

Ces lignes ainsi établies serviront, non-seulement pour encadrer un dessin, mais encore pour faciliter les opérations qui demandent à être retournées d'Equerre, et pour mener des parallèles, sans être obligé d'employer des moyens Géométriques, ce que l'on seroit nécessité de faire sans cette préparation.

Si la feuille de papier étoit collée sur une table, on chercheroit la ligne verticale AB, en divisant en deux portions égales, chacune des extrémités GH, KL; puis, on opéreroit comme nous venons de l'indiquer.

Nous invitons les jeunes-gens à se bien familiariser avec cette pratique, et à ne jamais rien faire que sur un papier bien équarri; ils en sentiront bientôt tous les avantages.

Des différentes manières de représenter les corps.

Il y a plusieurs manières de représenter les corps. On les représente d'abord par leurs plans, c'est-à-dire, par une figure qui exprime leurs dimensions horizontales; cette manière de les dessiner, se nomme *Ichnographie*; la deuxième représente leurs dimensions verticales, leurs profils, la hauteur de toutes les parties extérieures ou intérieures, et se nomme *Ortographie*; la troisième fait appercevoir les hauteurs, largeurs et profondeurs, et les rapports de toutes les parties dans des proportions tellement ordonnées, qu'on croit en voir l'exécution. Cette manière de représenter les corps, s'appelle *Scénographie*, et est traitée dans notre cours particulier de *Perspective*.

ICHNOCRAPHIE.

De la Formation des Plans.

1. Un Plan est, comme nous l'avons dit, une figure qui représente toutes les dimensions horizontales d'un corps; ou bien, c'est une figure produite sur une surface horizontale par des

aplombs

aplombs abaissés de toutes les parties d'un corps ; ou bien encore, pour en avoir une idée plus exacte, si l'on trace sur une table, autour d'un corps, la place qu'il y occupe ; cette trace qui marque l'espace occupé par le Solide, en est le Plan ou le Dessin Ichnographique.

Il suit de là, que pour tracer le plan d'un objet quelconque actuellement existant, ou d'une construction projettée, on doit nécessairement concevoir cet objet ou cette construction comme reposant sur une surface horizontale.

On distingue plusieurs sortes de plans ; mais nous ne nous occuperons ici que du plan *Géométral.* On appelle Géométral, le Plan d'un corps dont toutes les parties peuvent être mesurées au moyen d'une Echelle, ou d'une partie déjà connue de ce corps.

2. Le plan d'une Ligne (*fig.* 3) perpendiculairement élevée sur une surface horizontale, est un *point* (*fig.* 4).

3. Le plan d'une Ligne droite inclinée (*fig.* 5), est une *ligne droite* (*fig.* 6), dont la longueur est déterminée par la différence de la perpendiculaire, c'est-à-dire, par un aplomb abaissé de sa partie supérieure, jusqu'à la surface du terrain.

4. Le plan d'une Surface plane (*fig.* 7) élevée verticalement, est une *ligne droite* (*fig.* 8).

5. Le plan d'une Surface plane, mais inclinée (*fig.* 9), aura une forme donnée en raison de sa situation et du mode de ses extrémités ; si cette surface inclinée est quarrée, son plan est un *rectangle* (*fig.* 10).

6. Le plan d'un Prisme tétrahèdre (*fig.* 11) posé sur sa base, est un *triangle équilatéral* (*fig.* 12).

7. Le plan d'un Cube (*fig.* 13) posé sur une de ses surfaces, est un *quarré parfait* (*fig.* 14).

8. Le plan d'un Cylindre droit (*fig.* 15) posé sur sa base, est un *cercle* (*fig.* 16).

9. Le plan d'une Sphère (*fig.* 17), est un *cercle* (*fig.* 18).

10. Le plan d'un Cylindre (*fig.* 19) couché horizontalement, est un *rectangle* (*fig.* 20).

Observations.

11. Les corps Circulaires et Elliptiques ne touchent la surface sur laquelle ils sont posés, qu'en un seul point. Le point de contact pour la Sphère, est toujours au centre du cercle qui représente son plan; quant au Solide Elliptique, le point de contact, est toujours dans la direction de son axe; mais il peut être placé plus ou moins près de ses extrémités.

12. L'Echelle est une ligne droite divisée en plusieurs parties égales que l'on suppose valoir certaines mesures déterminées telles que des *mètres*, des *décimètres*, des *centimètres*, etc.

Elle sert, comme nous avons dit, à mesurer toutes les parties d'un plan *Géométral*; elle sert aussi à mesurer les dimensions verticales et à réduire dans un espace donné un édifice quelconque. Si l'on a, par exemple, à représenter un bâtiment dont la longueur soit de neuf *décamètres*, et qu'on veuille le réduire dans un espace tel que AB (*fig.* 21), on divisera la ligne AB en neuf parties égales dont chacune représentera un décamètre et pourra être subdivisée en mètres, décimètres, centimètres, etc.

Au moyen de ces différentes divisions, on déterminera non-seulement les parties principales, mais encore les parties de détail.

On observera pour les soudivisions, qu'il suffit de diviser un seul décamètre en mètres, un seul mètre en décimètres; et ainsi de suite.

Les Architectes se servent encore d'une autre échelle appellée *Module* que nous ferons connoître, lorsque nous traiterons des *Ordres.*

II. Leçon.

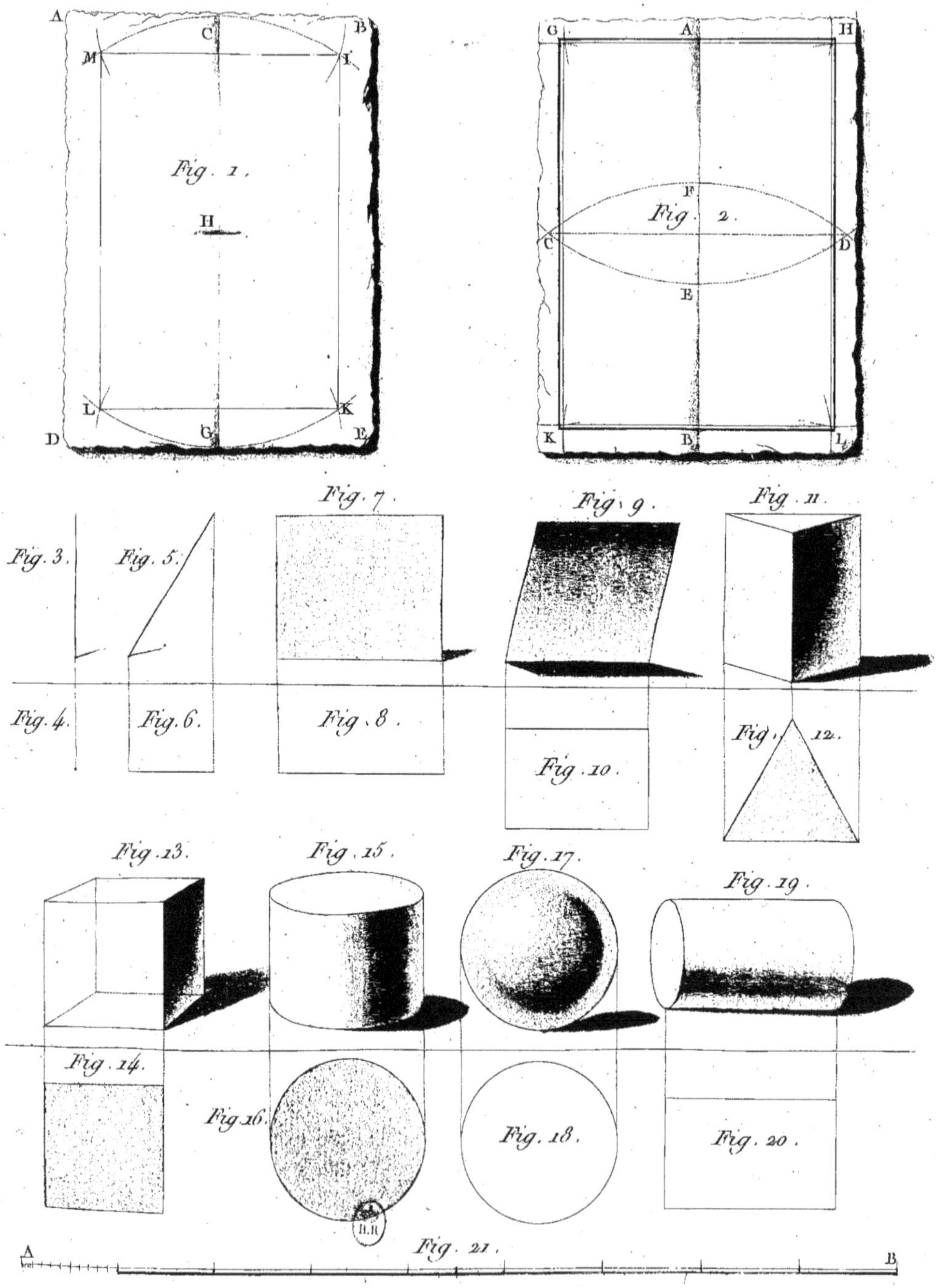
A
B
C
M
I
Fig. 1.
H
L
K
D
G
E
G
A
H
F
Fig. 2.
C
D
E
K
B
L
Fig. 3.
Fig. 5.
Fig. 7.
Fig. 9.
Fig. 11.
Fig. 4.
Fig. 6.
Fig. 8.
Fig. 10.
Fig. 12.
Fig. 13.
Fig. 15.
Fig. 17.
Fig. 19.
Fig. 14.
Fig. 16.
Fig. 18.
Fig. 20.
A
Fig. 21.
B

II. LEÇON.

13. Toutes les fois qu'un Corps est simple, et que toutes les parties qui composent sa masse, sont contenues dans une ou plusieurs surfaces verticales, son plan n'offre qu'une étendue simple; tels sont les corps représentés par les figures 14 et 16 de la première leçon. Mais lorsqu'un corps a quelques parties saillantes ou rentrantes, ou que quelques-unes de ses surfaces sont inclinées, on doit faire connoître la situation de ces différentes parties, en indiquant d'abord le contour de la surface sur laquelle le corps repose, et en traçant ensuite sur cette surface ou autour, toutes les parties saillantes et rentrantes qui caractérisent la forme de ce solide.

14. Le plan d'un Tétrahèdre a la même forme que le plan d'un Prisme triangulaire. Ils se représentent tous deux par un triangle équilatéral; mais les détails que l'on indique dans l'intérieur du plan, font connoître la différence de ces deux solides.

15. Le Tétrahèdre (*fig.* 22) est composé de quatre surfaces dont une lui sert de base; les autres sont inclinées et se réunissent au sommet en un point commun A, qui répond verticalement au milieu de la surface sur laquelle le solide repose. On marquera donc au milieu du plan ou du triangle équilatéral, un point *a* qui représentera le sommet du Tétrahèdre; puis, des extrémités de chaque angle, on mènera vers ce point des lignes droites qui représenteront les angles formés par les surfaces du solide.

16. La forme du plan de la Pyramide quarrée est aussi la même que celle du plan du Cube. On représente ces deux solides par un quarré (*fig.* 23). Mais on les distingue l'un de l'autre, en traçant des diagonales dans le plan de la pyramide, ces lignes représentent la situation des surfaces; leur point d'intersection *b* indique la place du sommet.

17. Le plan d'un Cône se représente comme le plan d'un Cylindre debout ou comme le plan d'une Sphère. La seule différence est qu'on indique au centre du plan du cône un point *b* (*fig.* 24), pour en marquer le sommet.

18. On a du remarquer que les solides dont nous venons d'enseigner à tracer les plans, ont tous leurs parties rentrantes. Nous allons à présent donner la manière de tracer les plans de ceux qui ont des parties saillantes. Si les positions et dimensions de ces solides sont données, il ne s'agit que de suivre les côtes indiquées. Mais si la position et les dimensions sont inconnues, alors il faut les chercher, et pour cela en mesurer toutes les parties. Commençons par les plans de ceux dont la position et les dimensions sont données.

On propose de *faire le plan d'un Cône incliné.*

19. La surface sur laquelle repose le cône étant circulaire, son plan sera représenté comme celui du cylindre debout ou de la sphère par un cercle (*fig.* 25). Ensuite, pour marquer la saillie que forme la pointe du cône, on supposera une ligne verticale A B abaissée de son sommet jusqu'au terrain. La distance du point B au point C centre du solide devra être indiquée par un point *b* placé hors du cercle et autant éloigné du centre *c*, que le point B l'est de C. On terminera le plan, en mênant les tangentes *b d* et *b f* qui représenteront la surface du cône.

Si la saillie du sommet du cône étoit donnée égale au rayon de sa base, on prendroit la longueur du rayon *c g* que l'on porteroit en dehors du plan pour avoir le point *b*.

Faire le plan d'un Prisme quarré incliné dont un côté de la surface supérieure réponde verticalement à un côté opposé de la surface inférieure.

20. On tracera d'abord un Quarré parfait *f g k i* (*fig.* 26) qui représentera la base du solide. Ensuite, on remarquera que la surface supérieure M a la même étendue que la surface

inférieure

inférieure N, et que par conséquent elle doit être représentée par un quarré semblable au premier. On remarquera encore que la ligne AB qui réunit la surface supérieure M et la surface latérale K, répond verticalement au côté GI de la surface inférieure N, et que par conséquent ces deux surfaces doivent avoir un côté commun. On assemblera donc les deux quarrés *gfki* et *gcid*, en leur donnant un côté commun *g i*. Le premier représentera la surface horizontale N et la surface latérale K; l'autre représentera la surface supérieure M et la surface latérale Y. Les lignes *fg c*, *k i d* représenteront l'étendue des surfaces antérieures et postérieures.

Faire le plan d'un Prisme quarré incliné dans le sens d'une de ses diagonales.

21. Il faut d'abord s'assurer dans quelle position se trouve la surface supérieure ACDB (*fig.* 27) par rapport à celle FEHG qui sert de base au solide. En supposant que l'angle C de la surface supérieure, réponde verticalement aupoint M, présumé être le quart de la diagonale EG, il faudra tracer un quarré *gfe h*, qui représentera la base sur laquelle le solide repose. Il faudra ensuite diviser la diagonale *eg* en quatre parties dont la partie *cg* sera regardée comme le quart. Le point *c* indiquera la place d'un des angles d'un second quarré dont les côtés seront égaux et parallèles au premier. Ce nouveau quarré représentera la situation de la surface supérieure ACDB. Enfin pour terminer le plan, on mênera les lignes *fa*, *ec*, *hd*, *gb*, qui représenteront les angles et les surfaces du solide proposé.

Passons maintenant à la manière de mesurer les corps qui ont des parties saillantes et dont les positions et dimensions sont inconnues, afin de parvenir à en tracer les plans.

Faire le plan d'un Prisme Pentagonal incliné.

22. On s'assurera d'abord de la forme et de la situation des surfaces du solide (*fig.* 28). En supposant que la base soit un Pentagone régulier, on tracera, pour en représenter le plan,

un pentagone *fgh ik*. puis, on examinera quelle est la position de la surface supérieure du prisme. Si elle est, comme la base, régulière et horizontale, elle devra être pareillement représentée par un pentagone. Pour avoir sa situation sur le plan, on abaissera de chacun de ses angles, des aplombs tels que C *c* et D *d* jusqu'au niveau du terrain. On cherchera ensuite quelle est leur position relativement à la base. Après avoir reconnu, par exemple, que l'angle C supérieur descendu verticalement en *c* est éloigné de H d'une distance égale au côté GH, et que D descendu en *d* est éloigné de I de la même distance GH, enfin que tous les angles de la surface supérieure descendus sur le terrain, sont éloignés des angles de la base qui leur correspondent, de la longueur du côté GH, on construira un second pentagone égal au premier et disposé de manière que ses divers angles soient éloignés des angles correspondants du plan de la base, de la longueur d'un des côtés *g h*. On terminera la figure, en mênant par les angles des surfaces inférieure et supérieure, les lignes parallèles *c h*, *a g*, *d i*, *b f*, *e k*, qui indiqueront la situation des surfaces latérales du solide. On aura soin de ponctuer les côtés *ki*, *ih*, *id*, qui ne pourroient être apperçus au travers du prisme, si on étoit placé verticalement au-dessus.

Faire le plan d'un Cercle incliné.

23. Soit le cercle incliné (*fig.* 29). On commencera par chercher l'ouverture de l'angle qu'il forme avec le terrain. Pour cela, on le supposera inscrit dans un quarré tel que ABCD. On supposera ensuite deux diamètres dont l'un soit horizontal comme LM, et l'autre tiré du point de contact F et mêné par le centre H, tel que FE. On supposera encore une ligne FG élevée perpendiculairement du point de contact F. et une autre FI horizontale et perpendiculaire à l'extrémité de la ligne FG. On supposera enfin un quart de cercle GEI décrit d'une ouverture de compas égale au diamètre FE. Cet arc de cercle formera une espèce de *rapporteur*, au moyen duquel on pourra

mesurer

mesurer l'angle formé par le cercle et par le terrain. Car si on trouve, par exemple, que l'ouverture de l'angle GFE soit égale à l'ouverture de l'angle EFI, on en conclura que la surface est inclinée de la moitié d'un angle droit, c'est-à-dire, qu'elle forme avec le terrain un angle de 50 *grades* (45 *degrés*).

Après avoir trouvé l'ouverture de l'angle que le cercle forme avec le terrain, on mênera une ligne horizontale *co*; on élevera à l'extrémité *c* une ligne perpendiculaire sur laquelle on portera de *c* en *d* la longueur du diamètre F E. Puis, de la même ouverture de compas et du point *c* comme centre, on décrira un quart de circonférence *dpo*, qu'on partagera en deux parties égales *dp* et *po*. Par le point *p*, on mênera une ligne parallèle à *c d*. Ces deux lignes indiqueront la largeur que devra avoir le plan de la surface en raison de son inclinaison. Par l'extrémité *d* de la ligne *cd*, on mênera la ligne *db* parallèle à *ca* qui complétera le quarré dans lequel on tracera les diagonales *da* et *cb*. par le centre *h*, on mênera les diamètres *ml* et *fe*, qui donneront dans le quarré long quatre points *m*, *e*, *l*, *f*. Par ces points, on mênera la courbe Elliptique *mfle* qui se trouvera inscrite au quarré et représentera le plan du cercle selon son inclinaison sur le terrain.

Le diamètre *lm* a conservé dans le plan une étendue égale à celle qu'il a dans l'élévation. Car si des extrémités du diamètre horizontal ML, on eût tiré jusques sur le terrain des aplombs tels que L Y, M Z, la distance du point Y au point Z, auroit été égale à la longueur de ce diamètre, mais le diamètre apparrent F E a perdu de son étendue primitive, puisque sa longueur est celle comprise entre le point F et le point K extrémité de l'aplomb abaissé du point E.

Observons que pour décrire une Ellipse avec exactitude, quatre points ne peuvent suffire. Mais il est facile d'en avoir quatre autres, en divisant en 7 parties égales, un des côtés *db*, ou *dc* du quarré dans lequel elle doit être inscrite. Car en prenant une de ces parties aux points *r* et *s*, par exemple, on mènera par ces points des lignes parallèles aux côtés *d b* et *c a*. Ces lignes couperont les diagonales *c b* et *d a*; et les quatre points d'intersection seront autant de nouveaux points par lesquels on fera passer la courbe.

Faire le plan d'un Cylindre incliné posé sur un socle.

24. Il faudra chercher quelles sont les dimensions du socle ABCD (*fig.* 30). Si l'on trouve que la forme de sa base soit un rectangle, par exemple, on tracera pour en faire le plan, un rectangle *a d c f* dont la longueur *dc* et la largeur *da* devront être égales ou proportionnelles à la longueur et à la largeur du socle du solide. On s'assurera ensuite quelle est la situation de la base du cylindre sur le socle. Si l'on reconnoît que le centre du cylindre réponde au point d'intersection des deux diagonales AC, DB, on tirera sur le plan les deux diagonales *a c*, *d f* pour avoir le centre de ce plan. Puis, de ce centre on décrira un cercle dont le diamètre sera égal ou proportionnel au diamètre du solide. Ensuite, on cherchera dans quelle situation est la surface supérieure du cylindre par rapport à sa base et au socle sur lequel il repose. En supposant que le centre S de la surface supérieure G H réponde verticalement à l'extrémité F de la surface inférieure E F, et que l'axe K S du solide, soit incliné parallèlement à l'angle A B du socle, il faudra par le centre *k* du plan mener une parallèle à *d c*, laquelle coupera le cercle au point *g*; et du point *g* comme centre, on décrira un nouveau cercle qui représentera la surface supérieure du cylindre. Enfin, on terminera le plan en mênant pour tangentes à ces deux cercles, les lignes *m c* et *p f*.

25. Il suit de tout ce que nous avons enseigné sur la formation des plans, qu'en général le plan d'un solide simple ou composé résulte des diverses lignes verticales que l'on suppose abaissées de toutes les parties du corps jusqu'à la surface hori-

zontale

zontale sur laquelle il est placé; c'est alors un plan *général* qui offre le détail de toutes les dimensions de l'objet représenté.

26. Mais on peut imaginer autant de plans dans un solide que l'on peut lui supposer de tranches horizontales; et s'il est irrégulier, chacun de ces plans offrira des dimensions différentes, en raison de la tranche qu'il représentera.

27. De là les plans se divisent naturellement en *plans inférieurs* et en *plans supérieurs*.

28. Le plan inférieur ne représente que la forme de la base d'un solide, ou toutes ses parties cachées en terre jusqu'à la hauteur du sol. Il ne doit offrir conséquemment que ce qu'on appercevroit d'un bâtiment dont on auroit enlevé la partie supérieure, en le coupant horizontalement au niveau de la terre.

29. Le plan supérieur se forme de toutes les parties élevées au-dessus du sol, et peut varier suivant les différentes distributions faites ou projettées pour chaque étage ou division d'un bâtiment.

Pour aider à reconnoître les diverses parties que représentent les plans, on est convenu de les laver ou de les colorier d'une manière uniforme.

Les plans des parties inférieures d'un bâtiment, se lavent seulement en noir. Quant aux plans supérieurs, on ne lave en noir ou en rouge, que les parties solides élevées sur la fondation jusqu'à l'étage supérieur ou jusqu'au comble.

On ombre aussi les plans, comme nous l'avons fait pour les figures de cette leçon, de manière qu'ils représentent les objets en relief et vus comme si l'on étoit placé verticalement audessus d'eux.

III. LEÇON.

ORTOGRAPHIE.

30. Nous avons dit que l'*Ortographie* ou la deuxième manière de dessiner les corps, représente leurs dimensions verticales, la hauteur et la largeur de toutes leurs parties extérieures et intérieures. Un dessin ortographique s'appelle *Profil* ou *Élévation*, et on nomme *profil Géométral* celui, dont les parties peuvent être mesurées au moyen d'une échelle.

De la formation des Profils.

31. Pour se former une idée de la production d'un profil géométral, il faut supposer des lignes horizontales menées de toutes les parties verticales d'un corps jusqu'à la rencontre d'un plan pareillement vertical que l'on imaginera élevé devant ce corps. Si, par exemple, du sommet A d'une pyramide quarrée (*fig.* 31), on tire la ligne horizontale AB, et si de la base, on tire celle CD, FG prolongées jusqu'au plan *iklm*, ces lignes donneront le profil géométral de la pyramide; la ligne AB marquera au point de contact B la hauteur du solide, c'est-à-dire, son élévation au-dessus du terrain. Les lignes CD, FG marqueront aux points de contact D et G sa largeur. On figurera donc sur la surface verticale, le profil géométral de la pyramide, en traçant les lignes BD, BG.

32. Il suit de là que le profil d'une Pyramide ou d'un Cône, est un *triangle*.

33. Le profil d'un Cube est un *quarré*.

34. Le profil d'une Sphère est un *cercle*; etc.

On observera que nous supposons que ces solides ont une surface parallèle au plan vertical.

35. On nomme *Coupe* la représentation d'un corps dont on a coupé ou retranché une partie. Il y a cette différence entre

la

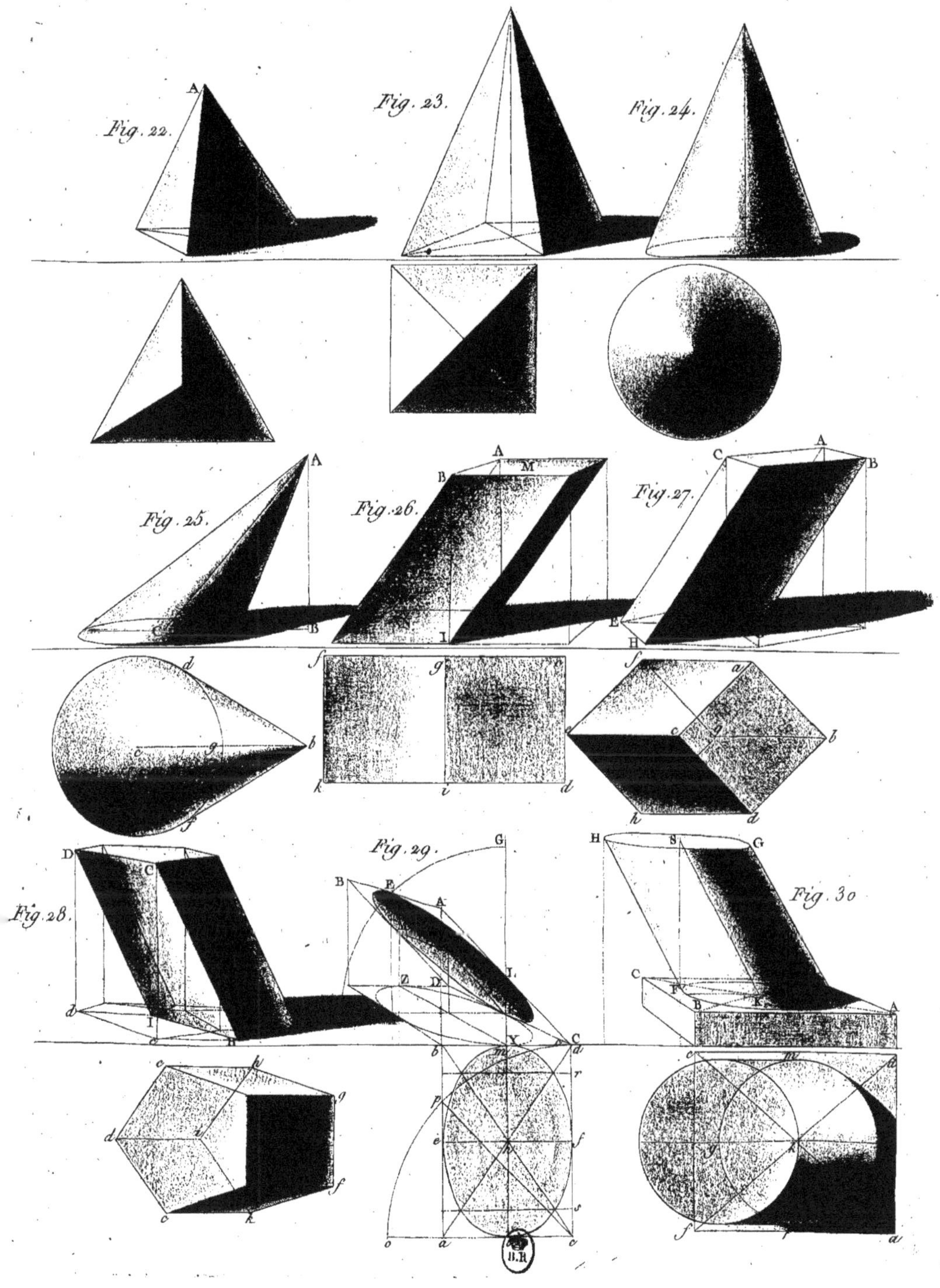
Fig. 22.
Fig. 23.
Fig. 24.
Fig. 25.
Fig. 26.
Fig. 27.
Fig. 28.
Fig. 29.
Fig. 30

la coupe et le profil, que celui-ci doit représenter parfaitement les contours du solide et les détails extérieurs qui le décorent, au lieu que la coupe ne doit représenter qu'une surface lisse et unie terminée suivant la forme extérieure du solide.

36. De même que les plans déterminent l'étendue horizontale des corps, de même aussi les profils déterminent leur étendue verticale. C'est ordinairement sur les plans que se font les élévations ou profils, parceque ce sont les plans qui donnent les largeurs, les dispositions et proportions de toutes les parties des corps, et que c'est d'après ces données que l'on détermine les dimensions verticales.

Soit proposé de

Faire l'élévation ou profil d'un Prisme triangulaire, suivant un plan donné.

37. Supposons le plan C D F (*fig.* 32), d'un prisme triangulaire. Pour en faire le profil, il faut établir une ligne horizontale telle que A B parallèle à un des côtés du plan. Cette ligne se nomme *ligne de terre*, parcequ'elle représente le niveau du sol. Des angles C et D du plan, on élevera vers cette ligne A B, des perpendiculaires C G, D H indéterminées. On mènera sur ces lignes, à une hauteur donnée ou arbitraire, la ligne G H parallèle à la ligne de terre. L'espace G H K I, représentera l'élévation Géométrale d'une des faces du prisme. Les deux autres faces seront égales à la première, puisque le plan du prisme est un triangle équilatéral.

On conçoit que l'élévation que nous venons de faire, étant parallèle à un des côtés du plan, est par là susceptible d'être mesurée suivant l'étendue qu'elle représente. Ainsi dans la supposition que chaque surface du prisme ait deux mètres de largeur sur deux mètres cinq décimètres de hauteur, la surface que nous avons élevée, aura cinq mètres d'étendue. Donc cette élévation est Géométrale.

C

Faire l'élévation de deux Solides posés l'un sur l'autre, d'après un plan donné, le premier solide ayant 5 décimètres de hauteur et le second, 2 mètres.

38. Soit le plan donné (*fig.* 33), formé de deux quarrés parfaits dont le plus petit est inscrit dans le plus grand. On mênera la ligne A B parallèle à l'un des côtés C D du plan, et on prolongera les côtés C F, D G qui en traversant la ligne A B à angle droit, donneront sur cette ligne, la largeur du premier solide. On prendra ensuite sur l'échelle qui aura servi à la construction du plan, une longueur égale à 5 décimètres, et on la portera de la ligne de terre en I et K. Puis, par ces deux points on mênera la ligne I K, qui déterminera l'élévation Géométrale de ce même solide. On prolongera de la même manière les côtés L N, M O du petit quarré. On portera ensuite, de la ligne A B en P et R, une longueur égale à 2 mètres 5 décimètres, qui déterminera l'élévation géométrale du second solide.

39. Si l'on suppose, comme nous l'avons fait pour ces deux élévations, que les solides soient réguliers et leurs surfaces semblables, il suffit d'une seule élévation, pour se former l'idée de toutes les parties de chacun de ces solides. Mais lorsqu'un corps est irrégulier et que ses surfaces sont dissemblables, il faut pour en connoître toutes les parties, faire autant d'élévations qu'il y a de surfaces différentes.

Soit proposé, par exemple, de

Faire l'élévation d'un Prisme quarré tronqué dans sa partie supérieure, de manière que sa plus grande surface ait 2 mètres 5 décimètres de hauteur, et sa plus petite, 1 mètre 5 décimètres.

40. Il est aisé de comprendre que le plan incliné qui termine le solide, à sa partie supérieure, doit produire des différences dans la forme de ses surfaces verticales : d'où il résulte que pour mesurer leur étendue, il faut faire, ainsi que nous

venons

venons de le dire, autant d'élévations qu'il y a de surfaces différentes.

En supposant que la ligne C D du plan (*fig.* 35), soit la base ou le plan de la surface la plus élevée, on portera sur une ligne horizontale T Z (*fig.* 34), la longueur du côté C D en *c* et *d*; on élevera par ces points des perpendiculaires, sur chacune desquelles on portera en *h* et *i*, une hauteur égale à 2 mètres 5 décimètres. Par les points *h* et *i*, on mènera la ligne *h i* parallèle à la ligne de terre T Z. L'espace *c d i h* représentera la plus grande surface du solide.

On cherchera de la même manière la forme de la surface opposée dont l'élévation a été donnée égale à 1 mètre 5 décimètres. On reportera sur la ligne T Z, la longueur F G qui sera représentée par *f g*. Des points *f* et *g* on élevera des perpendiculaires sur lesquelles on portera en *m* et *n* une hauteur égale à 1 mètre 5 décimètres. Puis, par les points *m* et *n*, on mènera une ligne parallèle à la ligne de terre. L'espace *f g n m* indiquera l'étendue de la plus petite surface. Mais comme cette surface se trouve placée immédiatement devant la plus grande, elle en masque une partie égale à 1 mètre 5 décimètres de hauteur. On doit donc appercevoir au-dessus de la plus petite, une étendue égale à 1 mètre.

Pour que cette étendue ait son apparence dans l'élévation, on prolongera les côtés *f m*, *g n* jusqu'à ce qu'ils soient égaux aux côtés de la première figure, c'est-à-dire, égaux à 2 mètres 5 décimètres d'élévation. On voit que le petit quarré *h i m n*, indique l'excédent de la première surface, et qu'il représente en même temps la surface inclinée qui termine le solide.

Il reste encore deux autres surfaces. Mais avec un peu de réfléxion, on sentira que toutes deux doivent avoir la même forme. Il suffira par conséquent de faire l'élévation de l'une ou de l'autre.

Pour y parvenir, on procédera, comme nous avons fait

jusqu'ici. On élevera sur la ligne horizontale T Z deux perpendiculaires distantes l'une de l'autre de la largeur C F ou D G du plan. On portera sur l'une de ces perpendiculaires en *h*, une hauteur égale à 2 mètres 5 décimètres. On portera de même sur la seconde en *m'*, une hauteur égale à 1 mètre 5 décimètres. Par les points *h* et *m'*, on mênera une ligne inclinée qui représentera la situation inclinée de la surface supérieure du solide.

41. Il suit des démonstrations précédentes que, la ligne de terre étant parallèle à un des côtés d'un plan, on obtient des surfaces dont les deux dimensions de hauteur et de largeur peuvent être exactement mesurées. Mais il est des cas où la ligne de terre se suppose placée devant les corps ou devant les plans dans une autre direction. Alors la forme des surfaces que l'on élève, varie en raison de la situation de cette ligne ; et les dimensions de hauteur sont les seules qui puissent être mesurées.

Faire l'élévation d'un Cube, dans le sens de sa diagonale.

42. Devant le plan CDGF (*fig.* 35), qui vient de nous servir pour l'élévation du prisme tronqué et que nous pouvons considérer aussi comme le plan d'un cube, on tracera une ligne droite telle que A B parallèle à la diagonale G C, et de chacun des angles du plan, on abaissera sur la ligne A B des perpendiculaires. Les distances *g f*, *f c* données par les sections de ces perpendiculaires, indiquent la longueur des côtés G F, F C.

Cette préparation achevée, on établira une ligne de terre T Z, (*fig.* 36), sur laquelle on portera les distances *g f* et *f c*. Des points *g'*, *f'*, et *c'*, on élevera des perpendiculaires sur lesquelles on reportera la longueur d'un des côtés du plan en *h*, *i*, et *k*. Cette longueur déterminera l'élévation que doit avoir le cube. Les surfaces *h i f' c'* et *i k g' f'* représenteront les surfaces quarrées dont les lignes G F, F C sont le plan.

Faire

Faire l'élévation géométrale de deux Solides posés l'un sur l'autre, dans le sens de la diagonale.

43. On disposera devant le plan des deux solides de la (*fig.* 33), une ligne de terre A B parallèle à la diagonale G C. Puis, de chacun des angles du plan, on abaissera sur cette ligne des perpendiculaires qui donneront, comme dans l'opération précédente, la largeur apparente des surfaces. Cette largeur sera indiquée par les distances *c l*, *l f*, *f o*, *o g*. On transportera ensuite ces distances sur une ligne telle que AB (*fig.* 37); et de chacun des points *c'*, *l'*, *f'*, *o'*, *g'*, on élevera des perpendiculaires indéterminées. On portera sur ces perpendiculaires, la hauteur du premier solide égale à 5 décimètres, pour avoir l'élévation des deux surfaces dont les lignes CF, GF, sont le plan.

On fera de même l'élévation du second solide, en portant au-dessus de la ligne de terre, une hauteur égale à 2 mètres 5 décimètres. On mênera ensuite par les extrémités de cette hauteur, la ligne R S X et on aura la hauteur des deux surfaces du solide supérieur, dont les lignes L N et O N sont le plan.

Faire l'élévation d'un Prisme quarré tronqué dans le sens de la diagonale.

44. Au devant du plan (*fig.* 35), on tracera une ligne de terre A B parallèle à la diagonale C G, ainsi que nous avons déjà fait. On abaissera ensuite, de chacun des angles du plan, des perpendiculaires sur la ligne A B. Puis, on reportera sur une nouvelle ligne de terre *a b* (*fig.* 38), les distances *c f*, *f g*, et des points *c'*, *f'*, *g'*, on élevera des perpendiculaires indéterminées.

Les choses étant ainsi disposées, on remarquera quel est le côté du plan qui sert de base à la surface la plus élevée et quel est celui qui sert de base à la surface la moins élevée. En supposant que le côté D G, soit le plan de la surface la plus élevée, et que les perpendiculaires abaissées des extrémités aient donné les points de section *f* et *g* sur la ligne A B, on devra reporter sur les perpendiculaires élevées des points *f'* et *g'* de la ligne *a b*, la hauteur de la plus grande surface en *h* et *i* et par ces derniers points mener la ligne *h i*.

On reportera de même sur les perpendiculaires élevées des points *f'* et *c'*, la hauteur de la plus petite surface et par les deux extrémités, on mènera la ligne *k l*. Enfin, par les extrémités *h* et *i* de la grande surface et les extrémités *k* et *l* de la petite, on mènera les lignes *k h*, *l i* qui donneront l'apparence de la surface supérieure et inclinée du prisme.

45. On observera que le plan du solide dont on propose de faire l'élévation est un quarré, et que cette élévation étant prise dans le sens de la diagonale, le plan doit nécessairement avoir deux de ses angles D et F dans la direction de la perpendiculaire dirigée vers la ligne de terre. La perpendiculaire *hf'* élevée sur la seconde ligne de terre *a b*, représente donc à la fois deux angles du solide, savoir, l'angle antérieur F en *l* et l'angle postérieur D en *h*. C'est pourquoi nous avons porté sur la ligne *h f'*, la hauteur de la grande surface en *h* et la hauteur de la petite surface en *l*.

46. On observera encore que lorsque l'on fait l'élévation, dans le sens de la diagonale, d'un corps composé de plusieurs parties ou moulures, la saillie que présentent ces parties ou moulures, est la plus grande possible, puisque la diagonale est la ligne la plus longue que l'on puisse mener dans l'étendue d'un plan.

47. Il est aisé de comprendre, qu'outre les élévations prises de face et celles prises dans le sens de la diagonale, on peut en faire une infinité d'autres dont la forme dépendra de la situation que l'on donnera à la ligne de terre devant les plans.

Ainsi soit proposé de

Faire

Faire l'élévation d'un Prisme triangulaire, suivant la direction donnée d'une ligne au devant de son plan.

48. Sur la ligne M N placée devant le plan du prisme triangulaire (*fig.* 32), on abaissera de chacun des angles C, D, et F des perpendiculaires, qui serviront à déterminer les largeurs figuratives des surfaces. Ces largeurs seront représentées par les distances *c f*, *f d*, que l'on devra reporter sur une nouvelle ligne de terre *a b* (*fig.* 39). Des points c', *f'*, *d'*, on élevera des perpendiculaires sur lesquelles on portera la hauteur donnée du solide. Les deux surfaces *g i f' c'*, *i h d' f'* paroissent inégales, quoique dans la nature elles aient la même largeur. Cette différence apparente est l'effet de la situation de la ligne M N devant le plan.

De la Coupe des solides.

49. Nous avons dit (35) que la *Coupe*, est la représentation de la forme qui résulte de la section d'un solide. Cette section peut être horizontale, verticale ou inclinée et quelquefois aussi dans le sens d'une courbe donnée.

De la Coupe verticale.

50. Un cube dont on auroit enlevé une tranche parallèle à une de ses surfaces, seroit un *quarré.*

Si on le suppose coupé dans le sens de sa diagonale, cette section produira un *quarré long.*

51. Si l'on coupe un cône parrallèlement à son axe, la section sera *Elliptique.*

52. Quelque partie que l'on enlève d'une sphère, il en résulte un *Cercle.*

53. On conçoit que la forme des deux surfaces produites par la section, est nécessairement la même dans la partie enlevée et dans la partie restante.

54. Les Architectes ont souvent besoin de rendre compte

de la forme que doit avoir un corps dont on suppose une partie retranchée. Pour indiquer la coupe verticale d'un corps, il ne s'agit que de mener sur le plan, une ligne dans le sens de cette coupe. Cette ligne se trace sur le plan même, afin de juger avec précision des effets que doit produire son passage.

Soit proposé, par exemple, de

Faire l'élévation d'un Cube coupé verticalement suivant la direction d'une ligne parallèle à sa diagonale.

55. Supposons le plan CDGF (*fig.* 35), d'un cube coupé parallèlement à sa diagonale C G. On tracera sur le plan même, une ligne *l m* parallèle à la ligne C G. Il faudra ensuite, de chacun des angles de la partie du plan dont on veut faire l'élévation, abaisser des perpendiculaires sur *l m*, ainsi que nous l'avons fait dans les opérations précédentes. Si la partie du plan dont on a à faire l'élévation, est la plus considérabe, par exemple; on devra, des angles C, et G, mêner des perpendiculaires sur *l m* en *c* et g. Cette préparation achevée, on transportera sur une ligne de terre *a b* (*fig* 40), la distance *c g* en $c' g'$ On y transportera pareillement la position des sections O et P faites sur la ligne de coupe par les côtés CF, GF. Des points c', o, p, g', on élevera des perpendiculaires, dont on déterminera l'étendue par une ligne horizontale tracée, à une hauteur égale à celle du cube, ou à un des côtés de son plan. L'étendue $b\ r\ o\ c'$ représentera la surface indiquée sur le plan par la ligne C O. L'étendue $s\ k\ g'\ p$, représentera le côté G P. Enfin, l'étendue *rspo* représentera la surface produite par la portion O P de la ligne *l m*, et on sent que la forme et la dimension de cette surface, sont déterminées par la situation de la ligne de coupe.

IV. Leçon.

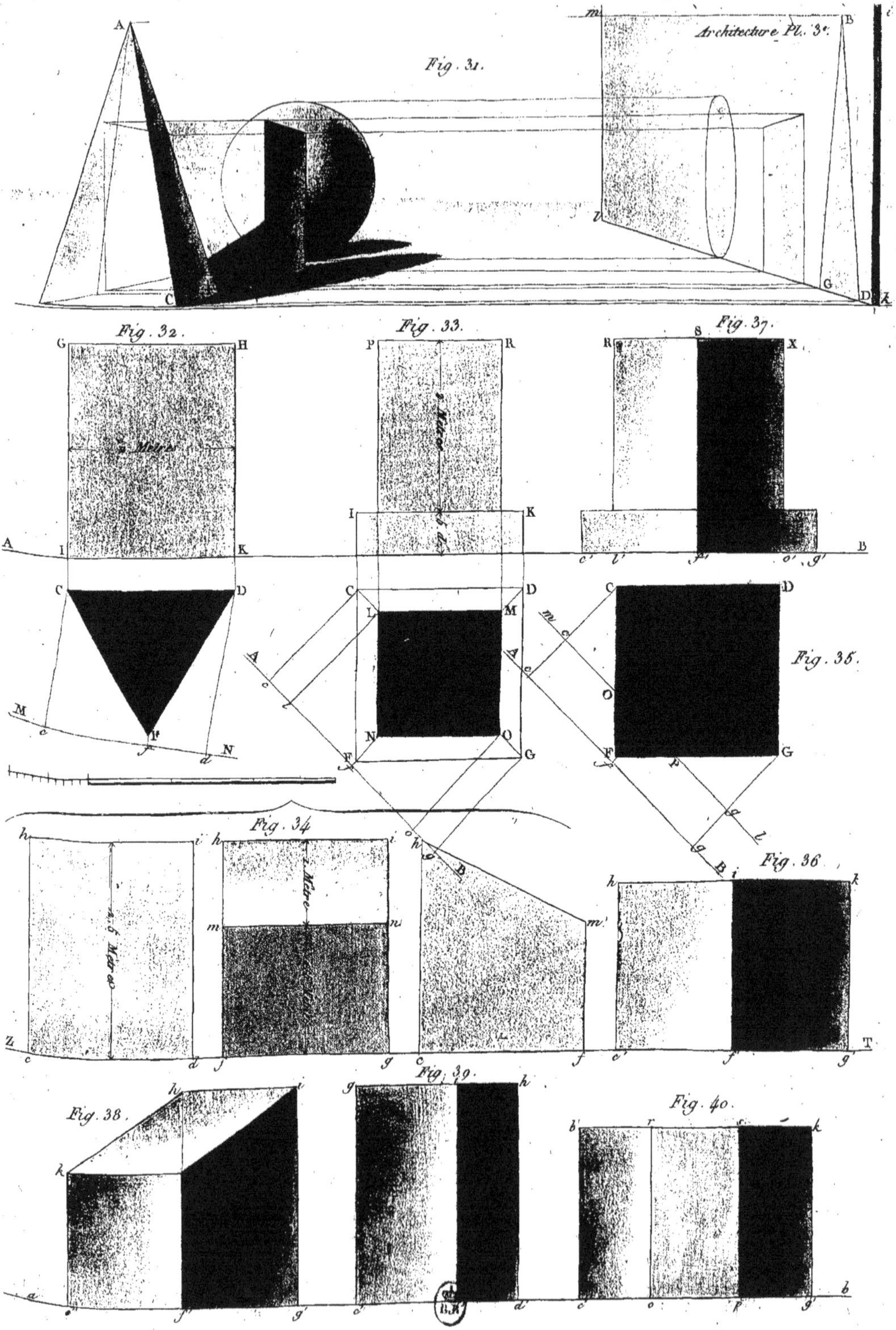
Architecture Pl. 3e.
Fig. 31.
Fig. 32.
Fig. 33.
Fig. 37.
Fig. 35.
Fig. 34
Fig. 36
Fig. 38.
Fig. 39.
Fig. 40.

IV. LEÇON.

56. Nous avons enseigné dans les leçons précédentes, la méthode que l'on employe généralement, pour faire le plan des solides simples, tracer leurs profils et leurs élévations. Mais lorsque les solides sont plus composés, ou qu'ils ont des positions particulières, leurs plans, leurs profils et leurs élévations présentent des difficultés dont la solution exige que nous donnions un plus grand développement aux principes que nous avons établis.

57. Toutes les fois qu'un solide ne repose pas horizontalement sur le terrain, son plan offre des formes qui varient selon que sa situation est plus ou moins inclinée. Pour bien comprendre la manière de tracer le plan d'un corps dans une position inclinée, il faut suivre avec beaucoup d'attention les deux opérations que nous allons enseigner à faire et qui sont la base de toutes celles dont nous nous occuperons dans la suite.

Faire le plan d'une Pyramide quarrée penchée sur un de ses côtés.

58. Soit donné pour profil, le triangle Isocèle DIF (*fig.* 41), qui représente une des surfaces d'une Pyramide inclinée. De chacun des angles du profil, on abaissera sur la ligne de terre, des aplombs prolongés jusqu'en *d*, *f* et *i*. La longueur FI du profil sera reportée sur les aplombs abaissés des angles F et I, pour construire le quarré long *g h i f*, qui sera le plan de la base de la pyramide. Il est aisé de reconnoître, à la situation du profil, que l'angle F représente l'extrémité de la base sur laquelle le solide repose; d'où il résulte que la ligne *g f*, en est le plan.

Pour trouver la place du sommet, on mênera les diagonales

h f, *g i* qui donneront le milieu *c*, par lequel on tirera une ligne horizontale *c d*. Le point où cette horizontale coupera la ligne verticale abaissée de l'angle D, sera le plan du sommet de la pyramide. Du point *d*, on mênera aux angles *g*, *h*, *i*, et *f*, des lignes qui donneront trois triangles, et ces triangles représenteront les surfaces de la pyramide.

Faire l'élévation d'une Pyramide quarrée dont la pointe paroisse être en avant.

59. On mênera une ligne A B parallèle au côté *g f* du plan (*fig.* 41). On prolongera le côté *h g* jusqu'en g', et le côté *f i* jusqu'en f'. On prolongera pareillement la ligne *c d* en d'. On aura alors sur la ligne A B, la distance des angles du plan, dans la position où ils se trouvent devant elle. Il faudra ensuite reporter ces distances sur une ligne de terre (*fig.* 42) en g'', d'', f''. De ces points, on élevera des perpendiculaires indéterminées. Puis, on prendra sur le profil l'élévation de l'angle I, que l'on portera sur les perpendiculaires élevées des points g'', et f'', pour avoir la ligne h' i'. Le quarré long que cette ligne aura terminé, représentera l'élévation de la base de la pyramide. Des angles de ce quarré on mênera les diagonales g'' i', f'' h' pour avoir le centre c'. Enfin, on prendra l'élévation du sommet D, que l'on portera du point d'' en d'. Par le point d' et les angles h', i', g'', f'', on mênera des lignes qui détermineront l'élévation de la pyramide sous l'aspect demandé.

Faire le plan d'un Cube incliné.

60. Soit le profil A B C D d'un cube (*fig.* 43). De chacun de ses angles, on abaissera des aplombs prolongés au-delà de la ligne de terre. Entre l'aplomb abaissé de l'angle D, et celui abaissé de l'angle B, on mênera la ligne horizontale *g k*. Puis, on prendra la longueur d'un des côtés du profil, que l'on portera de *g* en *d*, et de *k* en *b*. Par ces deux points,

on

on mènera la ligne *d b*. Le quarré long *g k b d* représentera tout l'espace occupé par le cube dans sa position sur le terrain. La ligne *h a* représentera l'angle le plus élevé du solide, et la ligne ponctuée *i c*, l'angle inférieur qui pose sur le terrain.

Faire l'élévation du même Cube incliné, suivant la position d'une ligne tirée au-devant de son plan.

61. Au-devant du plan *g k b d* (*fig.* 43), on mènera une ligne telle que Y Z, sur laquelle on transportera par des perpendiculaires, la situation de tous les angles du plan en *d'*, *a'*, *g'*, *c'*, *h'*, *b'*, *i'*, *k'*. Cette opération achevée, on transportera sur une nouvelle ligne de terre (*fig.* 44); la distance exacte de tous ces points et on leur conservera dans le même ordre les lettres qui les désignoient sur la ligne Y Z.

Pour procéder à l'élévation, on examinera avec attention dans quelle situation doivent se trouver les surfaces et les angles du cube suivant sa position donnée. On examinera pareillement quels sont les angles du profil et quelles sont les lignes du plan qui doivent donner l'apparence du solide.

On remarquera, que le point C du profil représente l'angle horizontal sur lequel le cube repose, et que la ligne *i c*, en est le plan. Les points B et D sont les profils des angles dont les lignes *k b* et *g d* sont les plans. On remarquera ensuite que l'espace *i k b c* du plan, représente une surface dont le côté B C est le profil. Le quarré *h k b a* est le plan de la surface dont le côté A B est le profil. Le quarré *g h a d* est le plan d'une surface dont A D est le profil. Enfin l'espace *g i c d* est le plan de la surface inférieure représentée par D C. On remarquera encore que les côtés *g k* et *d b* sont le plan des deux surfaces verticales du cube.

Tout cela bien conçu, on élevera des perpendiculaires de tous les points reportés sur la ligne de terre, en exceptant seulement les points c'' et i'', parceque la distance de l'un à l'autre, représente l'angle du solide qui repose sur le terrain. Le point c'' sera, par cette raison, un des angles de la surface verticale que nous avons à élever. On cherchera ensuite quelle est la situation de l'angle supérieur opposé. Après avoir reconnu que sa hauteur est égale à celle de l'angle A du profil, on reportera cette hauteur sur la perpendiculaire élevée du point a'' en a'''. On prendra de même la hauteur de l'angle B, que l'on portera sur la perpendiculaire élevée du point b'', en b'''; puis la hauteur de l'angle D que l'on reportera de d'' en d'''. Par les quatre points a''', b''', c'', d''', on mènera des lignes qui donneront l'apparence de la surface verticale antérieure.

On cherchera de même l'élévation de la seconde surface verticale représentée sur le plan par la ligne $g\,k$. On observera qu'elle est parallèle à la surface que nous venons d'élever et que par conséquent les angles de l'une et de l'autre, ont la même disposition. On portera donc sur les perpendiculaires qui correspondent aux angles et en suivant l'ordre des lettres, l'élévation de ces angles. Ainsi on devra reporter la hauteur de l'angle A sur la perpendiculaire élevé de h'' en h''' et la hauteur de l'angle B sur la perpendiculaire élevée de k'', en k'''. La hauteur de l'angle D sera reportée de g'' en g'''. On mènera par les points h''', k''', i'', g''', les lignes $h'''\,k'''$, $k'''\,i''$, $i''\,g'''$, $g'''\,h'''$ qui donneront l'élévation de la surface postérieure. On réunira par des lignes horizontales et parallèles à la ligne de terre, les deux surfaces. Ces lignes devront à cet effet être tirées des divers angles correspondants des surfaces, et elles représenteront les surfaces du cube qui peuvent être vues suivant la direction de la ligne donnée au-devant du plan du solide.

62. Nous n'avons employé jusqu'ici, pour faire les plans ou élévations des corps, qu'un seul profil. Mais il arrive quelque-

fois

fois, que pour donner aux plans ou élévations tout le développement nécessaire, on a besoin de tracer deux ou même trois profils. Le premier profil représente la situation naturelle du solide et ses dimensions. Le second sert à donner les dimensions particulières de quelques-unes de ses parties, et le troisième représente la situation que l'on suppose au solide.

Soit proposé, par exemple, de

Faire le plan et l'élévation d'un Cube posé sur une de ses pointes de telle sorte que la pointe supérieure soit d'aplomb sur celle qui touche la terre.

63. On tracera pour premier profil, le quarré parfait L M N O (*fig.* 45), dont la grandeur sera égale ou proportionnelle à la dimension donnée du solide.

Pour avoir avoir le second profil, il faudra sur la diagonale L N du quarré L M N O construire un quarré long tel que L N P Q dont la largeur sera égale à un des côtés du premier quarré.

On fera le troisième profil, en élevant une perpendiculaire indéterminée A D (*fig.* 46). On portera ensuite sur cette perpendiculaire de D en A, la longueur de la diagonale N Q du second profil. Du point A comme centre et d'une ouverture de compas égale à la hauteur M N du cube, on tracera un arc de cercle en B. Du point D aussi comme centre et de la même ouverture de compas, on tracera un autre arc de cercle en E. Puis, par les points A et l'arc E, on mênera la ligne A E; et par les points D et l'arc B, on mênera la ligne B D. De l'extrémité A de la ligne A E, on mênera une perpendiculaire en B et de l'extrémité D, on en mênera une autre en E. On aura alors le troisième profil A B D E construit selon la position donnée du solide ; et on le divisera en deux portions égales par la ligne C F qui servira avec les lignes B A et D E, à donner dans le plan, la situation des surfaces ; et dans l'élévation, la distance des angles au terrain.

Pour faire le plan du cube, il faudra de chacun des angles du troisième profil abaisser des aplombs indéterminés vers la la ligne qui lui sert de base. On mênera ensuite parallèlement à cette ligne, les lignes *k h* et *c f* distantes l'une de l'autre de l'intervalle donné sur la ligne de terre par les aplombs abaissés des angles B, E, du troisième profil. Puis, on divisera cette distance en deux portions égales par la ligne *b e* dont la longueur sera déterminée par les aplombs abaissés des angles B et E.

Pour trouver sur le plan, l'apparence des surfaces, on observera que la pointe supérieure du cube, est placée verticalement au-dessus du point D, et que par conséquent la ligne AD peut être considérée comme l'axe du solide. Il en résulte que le plan de cette ligne doit occuper le centre du plan du cube. Ainsi ce centre se trouvera au point *a* où la verticale AD prolongée a coupé la ligne *b e*. Des points *k*, *b*, *h*, *a*, et *a*, *f*, *b*, *c*, on mênera les lignes *k b*; *h a*, et celles *a f*, *b c*, qui avec les horizontales déjà mênées, donneront la situation des deux surfaces supérieures. On trouvera de même la troisième surface en mênant les lignes *h e*, *e f*. Ces trois surfaces sont les seules que le plan puisse présenter à la fois. Car de quelque manière que l'on considère un cube, on ne peut appercevoir à la fois que trois de ses surfaces. Mais si l'on fait attention que le cube est un solide régulier dont toutes les surfaces sont égales et celles opposées parallèles, on sentira que dans la position que nous lui supposons, chacune des trois surfaces non représentées dans le plan se trouve, immédiatement au-dessus d'une surface qui est représentée et que par conséquent le plan des surfaces trouvées donne celui des surfaces opposées qui ne peuvent être apperçues.

Pour procéder à l'élévation, on mênera une ligne telle que Y Z, sur laquelle on transportera, comme nous l'avons fait jusqu'ici, la distance de tous les angles du plan. On observera

observera de conserver aux divers points les mêmes lettres qui les désignoient dans le plan. Puis, on transportera de nouveau sur une ligne *d'élévation* ou ligne de terre (*fig.* 47), les distances marquées par ces lettres. De chacun des points qu'elles indiquent, on élevera des perpendiculaires indéterminées. On cherchera ensuite sur la nouvelle ligne de terre, la place de la pointe du cube appuyée sur le terrain. En suivant la série des lettres, on trouvera que le point a'' est la place de cette pointe. Pour avoir l'élévation de la pointe supérieure, on prendra sur le troisième profil, la hauteur D A que l'on portera de a'' en a'''. On trouvera de la même manière, l'élévation des autres angles, en reportant sur les perpendiculaires, les hauteurs correspondantes données par le profil et par le plan. On mênera par les extrémités, des lignes qui donneront l'apparence et la forme des surfaces du solide.

Faire le plan et l'élévation de deux solides accottés l'un sur l'autre.

64. Si la position et la dimension des solides sont données, on en tracera le profil, comme nous l'avons représenté (*fig.* 48). On procédera ensuite à la construction du plan tel qu'on le voit (*fig.* 49), en observant de tirer des lignes pleines pour marquer les arrêtes formées par les surfaces visibles et de ponctuer toutes les autres.

Ces deux opérations effectuées, on fera une première élévation parallèle à la plus grande ou à la plus petite dimension du plan. On tracera à cet effet devant le plan, une ligne telle que TU parallèle au côté *a d*. On portera sur cette ligne les distances respectives de toutes les parties du plan; puis, on transportera ces mêmes distances sur une ligne de terre, (*fig.* 50); et de chacun des points quelles donneront, on élevera des perpendiculaires sur lesqu'elles on marquera les différentes hauteurs indiquées par le profil. On aura alors une figure qui représentera la surface antérieure du premier solide, et on appercevra au-dessus, une partie du second. Le reste de ce second solide, sera caché par l'épaisseur du premier sur lequel il est posé.

Si l'on veut faire une seconde élévation de ces deux solides, suivant la direction d'une ligne comme R S, on procédera de la même manière que nous avons fait jusqu'ici. On portera sur cette ligne les distances des divers angles du plan. Puis, on reportera sur une ligne de terre (*fig.* 51), ces mêmes distances. De tous les points de section, on élevera des perpendiculaires indéterminées. On marquera sur ces perpendiculaires, les hauteurs données par le profil. On mènera ensuite par les points qu'auront indiqués ces hauteurs, des lignes qui représenteront les surfaces des deux solides, ainsi qu'on les voit dans la figure.

65. Nous ne saurions trop recommander aux élèves qui commencent à faire des élévations, de conserver aux divers angles et aux surfaces, les mêmes lettres qui ont servi à les désigner dans les plans et profils. En suivant cette méthode, ils retrouveront plus aisément la position des angles et la forme des surfaces. C'est ce que nous avons eu soin d'observer dans toutes nos élévations

Nous recommandons pareillement aux élèves qui voudront se rendre familières les opérations que nous venons de leur enseigner à faire, de s'exercer à chercher quelle forme auroient les divers solides que nous avons représentés, si l'on en faisoit de nouvelles élévations suivant la direction d'autres lignes données au-devant de leurs plans.

V. Leçon.

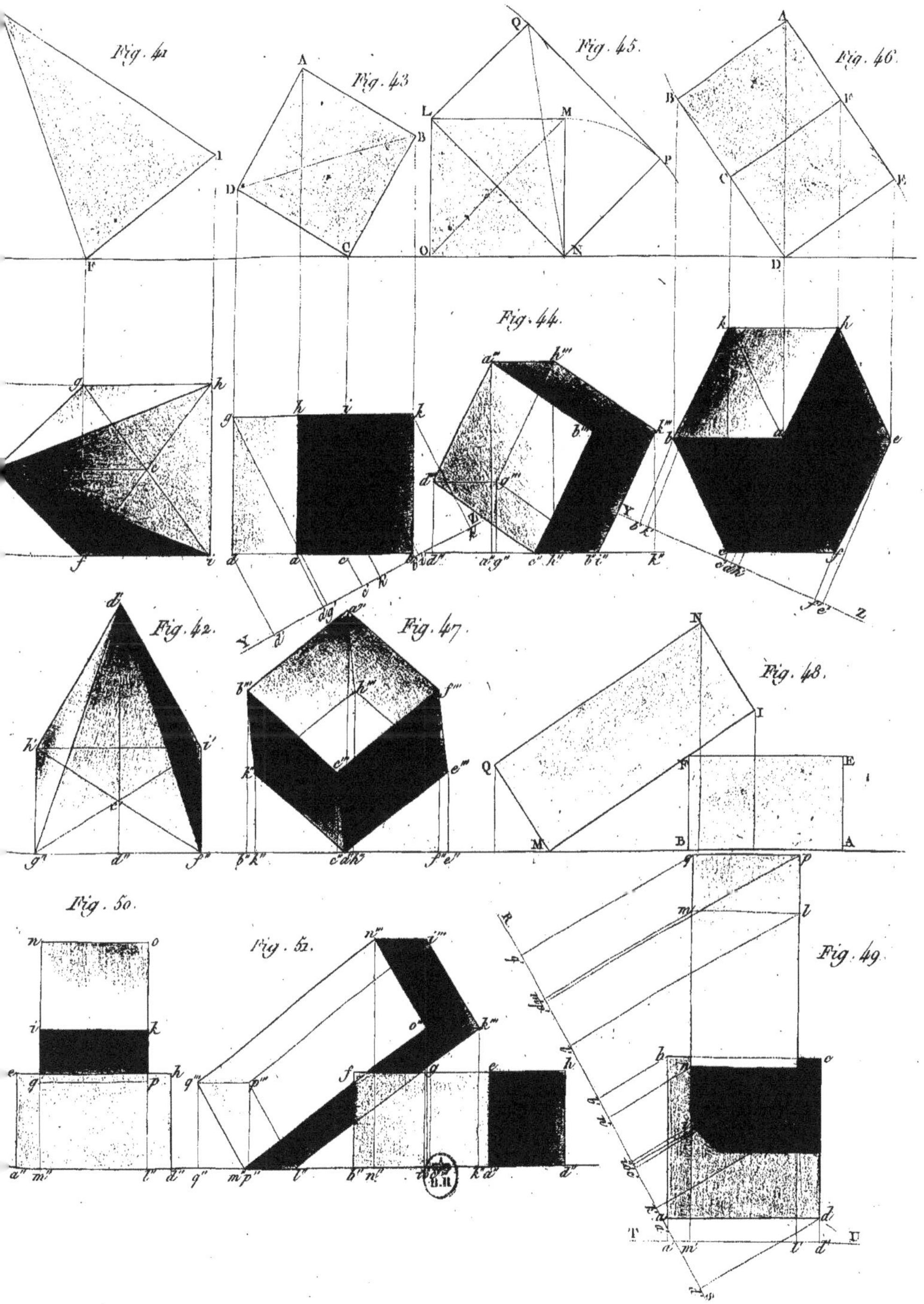
Fig. 41
Fig. 43
Fig. 45
Fig. 46
Fig. 44
Fig. 42
Fig. 47
Fig. 48
Fig. 50
Fig. 51
Fig. 49

V. LEÇON.

Les solides à surfaces planes ne présentent dans leurs plans et leurs profils, que des lignes droites, dont on détermine facilement la situation, en suivant les principes que nous venons d'enseigner; mais les corps qui ont des parties circulaires concaves ou convexes, présentent plus de difficultés par la différence des courbes qu'ils engendrent suivant leurs situations et les diverses coupes que l'on peut y supposer. On peut faire disparoître en partie ces difficultés, en considérant ces corps comme s'ils étoient renfermés, ou comme s'ils renfermoient un parallélipipède, un prisme ou une pyramide, ensorte que la base de ces corps seroit un polygone inscrit ou circonscrit.

Manière de préparer le cercle pour trouver selon ses diverses positions la courbe Elliptique qu'il produit sur un plan horizontal, vertical ou incliné.

66. Autour d'un cercle (*fig.* 52), on tracera un quarré dont chaque côté, égal au diamètre, sera horizontal ou incliné selon sa destination. On divisera chaque côté du quarré en deux portions égales; et par ces points de division, on menera des diamètres; ensuite, par les angles opposés du quarré A C B D, on menera des diagonales. Ces lignes diviseront la circonférence en huit parties égales, dont quatre répondront au milieu des côtés du quarré; et les quatre autres à ses angles.

67. Cette préparation qui donne huit points sur le cercle n'en donneroit que quatre, si l'on préparoit de la même manière un quarré ou un parallélogramme (*fig.* 53), dans lequel on voudroit tracer à la main un cercle ou une ellipse, puisque rien n'indiqueroit leur passage sur les diagonales. Pour trouver ces points, on observera que si l'on mene, par le passage du cercle sur les diagonales S T, V X, des lignes pro-

longées sur les côtés du quarré, la distance du point qu'elles marqueront à chacun des angles qui en sont le plus près, sera la septième partie d'un de ces côtés. Ainsi pour trouver sur les diagonales d'une surface, le passage de la courbe que l'on se propose d'y tracer, on devra diviser les côtés en sept parties et mener, par les septièmes divisions, des lignes qui donneront sur les diagonales quatre points pour le passage de la courbe.

Faire le plan et l'élévation d'un Cylindre incliné.

Nous avons fait voir que le plan d'un cylindre posé sur sa base étoit un cercle, et que son profil étoit un parallélogramme. Mais lorsqu'il est incliné, les deux surfaces qui lui servent de base produisent des Ellipses.

68. Soit le profil d'un cylindre (*fig.* 54) posé de manière que sa base fasse un angle quelconque avec le terrain; pour en faire le plan nous supposerons ce solide renfermé dans un parallélipipède dont les côtés seroient égaux à son diamètre. De chacun des angles du profil, on abaissera des perpendiculaires prolongées au-dessous de la ligne de terre, puis, on tracera sur ces lignes deux parallèles *e g*, *a c* dont la distance sera égale à la largeur du profil. Ces parallèles formeront avec les perpendiculaires deux parallélogrammes *e h a d*, *f g b c* qui représenteront la base inférieure et supérieure du solide.

69. Le plan ainsi préparé, on fera passer par les angles des parallélogrammes des diagonales : par leurs intersections on menera une horizontale pour avoir les deux petits diamètres *u o*, *p r* et deux verticales pour avoir les grands diamètres *m n*, *t v*. Ensuite, on divisera un des côtés des parallélogrammes en sept parties égales, et par la septième partie, on menera des parallèles. Par les extrémités des diamètres et les points trouvés sur les diagonales, on tracera des ellipses; elles représenteront les surfaces planes inclinées du cylindre; et on tracera les lignes *m t*, *n v*, tengeantes aux ellipses qui donneront sa surface convexe.

Pour faire une élévation du cylindre vue de face, on cher-

chera

chera la forme du parallélipipède en élevant sur une ligne de terre (*fig.* 55), des perpendiculaires dont la distance sera égale à la largeur du plan ; puis, par chacun des angles du profil, on menera des horizontales. Ces lignes formeront deux parallélogrammes $b' f' g' c'$, $a' e' h' d'$ que l'on disposera comme ceux du plan pour tracer les courbes elliptiques qui doivent représenter les surfaces du cylindre.

Pour représenter ce solide, vu de trois quarts, on le considérera toujours comme renfermé dans un parallélipipède. Si l'on suppose que l'aspect sous lequel on veut le considérer soit donné dans la direction d'une ligne comme $a'' g''$. On menera de chacun des angles du plan, des perpendiculaires vers cette ligne ; ensuite, on reportera la situation de tous ces points sur une ligne de terre (*fig.* 56). Par ces points, on élèvera des perpendiculaires sur chacune desquelles on portera l'élévation des angles du profil pour avoir l'aspect du parallélipipède.

70. Pour trouver dans ce premier solide la forme du cylindre, on fera passer des diagonales par les angles des surfaces supérieures et inférieures : par les centres on tracera les grands et petits diamètres parallèles aux côtés des surfaces ; puis, on divisera un des côtés des surfaces en sept parties, pour avoir comme nous venons de l'enseigner, quatre points sur les diagonales. Par ces points et ceux donnés par l'extrémité des diamètres, on tracera des courbes ; elles représenteront les surfaces supérieures et inférieures ; on réunira ensuite ces surfaces par des tengeantes qui doivent être parallèles, et dont la distance doit être égale à la largeur du profil, on aura alors la représentation du cylindre.

On observera que nous avons tracé dans toutes nos figures des lignes correspondantes du profil au plan et aux élévations, afin de montrer plus particulièrement le rapport que doivent avoir tous les points par lesquels on doit faire passer les courbes.

Faire le plan d'un Cylindre tronqué dans le sens d'une ligne droite inclinée, tracée entre ses deux surfaces planes.

Quelque portion que l'on retranche d'un cylindre posé sur une de ses bases, son plan sera un cercle, pourvu que la ligne droite qui forme la section, passe entre ses deux surfaces planes; mais en élévation, la surface produite par la coupe sera une *Ellipse*.

Soit le profil d'un cylindre K I C D, et la ligne A B qui indique le passage de la coupe, qui a suprimé la partie supérieure K I A. (*fig.* 57) considérant ce solide comme un parallélipipède dont les côtés seroient égaux au diamètre de sa base, on décrira sous le profil un cercle inscrit dans un quarré que l'on préparera ainsi que nous l'avons enseigné. On menera par le centre et par les divisions faites sur le cercle, des verticales pour avoir sur la ligne de coupe, les points F G H.

71. Le profil ainsi préparé, on passera à une élévation vue de face, en traçant (*fig.* 58), un plan semblable au premier, et on élèvera des perpendiculaires. Ensuite, on cherchera la forme de la surface inclinée du parallélipipède, suivant la situation de la ligne A B du profil. Sur cette surface préparée (66) on fera passer par les extrémités des diamètres et par les points trouvés sur les diagonales, la courbe elliptique produite par la section faite au solide.

On fera une seconde élévation vue de trois quarts en rapportant sur une ligne *l' b'*, tracée au-devant du plan, la situation de ses angles et celle des points qui divisent la circonférence du cercle; ensuite, on rapportera sur une ligne de terre la situation de tous ces points (*fig.* 59), par lesquels on élèvera des perpendiculaires. Lorsque l'on aura déterminé en *m'' b''' a''' l'''*, la situation de la surface inclinée, on menera les diagonales et les diamètres, pour trouver les points par lesquels on doit faire passer la courbe.

VI. LEÇON.

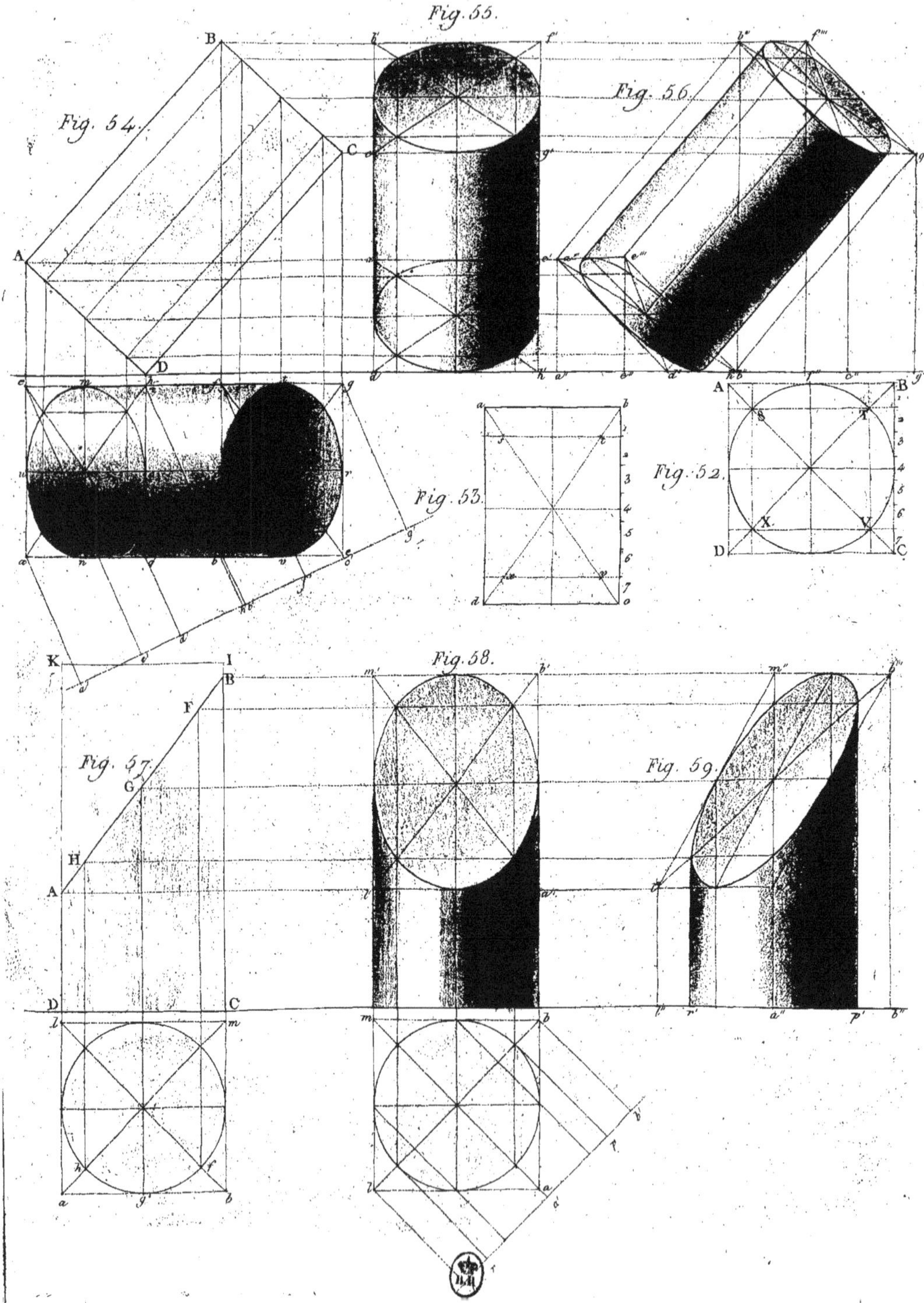
Fig. 55.
Fig. 54.
Fig. 56.
Fig. 53.
Fig. 52.
Fig. 58.
Fig. 57.
Fig. 59.

VI. LEÇON.

Tracer sur le plan et l'élévation d'un Cône, la courbe Elliptique produite par la suppression de sa partie supérieure.

72. Si l'on coupe un Cône par un plan parallèle à sa base, la section sera un *Cercle*; si on le coupe par un plan oblique à sa base, de manière que cette coupe passe entre son sommet et sa base, la section sera une *Ellipse*; si on le coupe par un plan parallèle à un de ses côtés, la coupe sera une *Parabole*. Enfin, si on le coupe par un plan parrallèle à son axe, la coupe sera une *Hiperbole*. Il y a différens moyens de déterminer le passage de ces courbes; mais pour nous renfermer dans les principes que nous avons démontrés jusqu'ici, nous considérerons le cône comme une pyramide dont la base seroit un octogone inscrit dans le cercle qui lui sert de plan.

73. Soit donné pour profil du cône, le triangle isocèle A B C (*fig.* 60), et la ligne D H inclinée qui indique la section qui en a supprimé la partie supérieure. Pour transformer ce cône en pyramide, ainsi que nous le supposons, on tracera sous le profil, un cercle dont le diamètre sera égal à la base du triangle. On divisera ce cercle en huit parties égales, en traçant autour de lui un quarré et ses diagonales, comme nous avons fait pour les figures précédentes; on aura alors le plan d'une pyramide formée de huit côtés égaux. Pour transformer le profil de la même manière, on élèvera, des angles du plan, des perpendiculaires; et par chacune des sections qu'elles formeront sur la base du profil, on tracera des lignes vers son sommet C. Ces lignes représenteront chacune deux angles-plans de la pyramide; car on voit qu'elles sont élevées sur les perpendiculaires *e f g* du plan, et qu'elles comprennent chacune deux des angles de l'octogone.

Pour trouver sur le plan, la forme de la courbe produite par la section faite au solide, on devra le représenter d'abord en élévation. Pour cela, on tracera un second profil égal au premier (*fig.* 62); puis, on cherchera dans quelle situation doivent se trouver les principales dimensions de la surface, ou plutôt celles de ses deux diamètres. Ayant trouvé que la longueur du plus grand diamètre doit être égale à l'élévation des extrémités de la ligne D H, et que sa position, qui est inclinée, doit paroître verticale, et faire partie de l'axe C *h* du deuxième profil; on portera donc en *d h* l'élévation des extrémités D H de la ligne de coupe, pour avoir la longueur apparente du grand diamètre. On cherchera de la même manière la situation du petit diamètre, en faisant attention qu'il doit passer horizontalement par l'axe du solide, et être égal à une ligne qui passeroit par le point F, et seroit terminée par les côtés du profil. On portera donc en *o* la hauteur du point F, et on menera une horizontale: l'endroit où elle coupera en *k f* les côtés du second profil, déterminera la longueur du petit diamètre. On remarquera que nous donnons à cette ligne la dénomination de petit diamètre, parce qu'elle passe par l'axe du solide. La position de ces quatre points ainsi déterminée, on trouvera facilement la situation des quatre autres, puisqu'ils doivent être placés comme ces derniers, sur les angles-plans de la pyramide, et leur élévation donnée par la ligne de coupe. On reportera donc en *i e l g* les hauteurs E G du profil. Par ces points, et ceux donnés par les extrémités des diamètres, on tracera un octogone irrégulier qui représentera la surface produite par la section faite à la pyramide.

74. Ces deux profils ainsi disposés, on se servira du plan tracé sous le premier profil, ou bien on en construira un autre sous le second, sur lequel on déterminera la longueur apparente du grand diamètre de la surface, en observant qu'il doit passer par le centre *o*. On prendra donc, sur le premier profil, la distance de l'extrémité D à l'axe de la pyramide, que l'on portera

tera du centre o' en d'; et la distance de l'extrémité H à ce même axe, que l'on portera de o' en h'; et on aura en d' h' la plus grande dimension de la surface et le sommet de deux de ses angles. Pour déterminer la position des six autres angles, on abaissera sur le plan, de chacun des angles de la surface, des parallèles à l'axe C h. Celles abaissées des angles k f donneront sur le diamètre horizontal les angles k' f'; les lignes abaissées des angles i e, l g, donneront sur les diagonales les angles i' e', l' g': par ces points, on menera des lignes; elles formeront un octogone irrégulier qui sera le plan de la surface représentée sur le second profil.

75. On passera à l'élévation de ce solide, en menant de tous les angles du plan, des perpendiculaires sur une ligne comme 2, 6: ensuite, on élèvera sur une ligne de terre (*fig.* 61) un triangle égal au profil, et on portera sur sa base la distance de tous les points marqués sur 2, 6, ainsi que les lettres de renvoi qui leur conviennent. Par les points 2, 3, l''' 5, 6 provenant de la base du solide, on menera vers le sommet C, des lignes qui représenteront les arrêtes de la pyramide; puis, par les points provenant des angles de la surface intérieure du plan, on élèvera des perpendiculaires: l'endroit où elles couperont les lignes qui tendent au sommet C, donnera la position de la surface inclinée suivant la direction de la ligne D G du premier profil. On pourrait encore trouver la forme de la surface inclinée en reportant sur les arrêtes de la pyramide les hauteurs DEFGH du premier profil, ainsi que nous l'avons indiqué en notre modèle.

Pour rendre à ce solide sa première forme, il ne s'agit que de faire passer une ligne courbe par le sommet des angles des surfaces que nous venons de tracer, et on aura sur le plan et en élévation, des ellipses qui représenteront la surface produite par la section inclinée qui a supprimé la partie supérieure du cône entre sa base et son sommet.

Trouver sur le plan et sur le profil d'un cône, la parabole produite par une section parallèle au côté de ce solide.

76. Pour trouver sur le plan d'un cône la courbe parabolique produite par la ligne de coupe D F, tracée parallèle au côté C B du profil, (*fig.* 64), on supposera que le cône est une pyramide composée d'un certain nombre de côtés, afin d'avoir, comme dans les dernières figures, des points fixes pour faire passer la courbe. On divisera la circonférence du plan en douze ou vingt parties, et on élèvera de chacune de ces divisions, des perpendiculaires à la base du triangle. Par les sections qu'elles y formeront, on dirigera des lignes vers le sommet C. Ces lignes qui représentent les angles-plans de la pyramide, indiqueront par leur passage sur la ligne D F, l'élévation des angles de la surface formée par la portion F D A retranchée du solide; ensuite, on abaissera sur le plan par les sections H I, des verticales, vers chacun des rayons qui représentent les arrêtes de la pyramide. La distance de l'extrémité D de la ligne de coupe à l'axe C F du profil, devant être la plus grande saillie de la courbe, sera représentée sur le diamètre en *d*, et la saillie des angles F I sera représentée sur les rayons en *h h i i*; l'extrémité F de la ligne de coupe, qui passe par le centre du solide sera représentée sur la circonférence en *f f*. Par ces divers points on fera passer une courbe qui sera le plan de la parabole.

On trouvera en élévation la forme de la parabole, en construisant deux triangles (*fig.* 63, et 65), sur lesquels on tracera les arrêtes de la pyramide, afin de marquer, sur chacune des lignes qui les représentent, les hauteurs données par la ligne D F du profil, et par les points trouvés, ainsi que nous venons d'enseigner dans les figures précédentes, on fera passer la parabole.

VII. LEÇON.

Fig. 60.

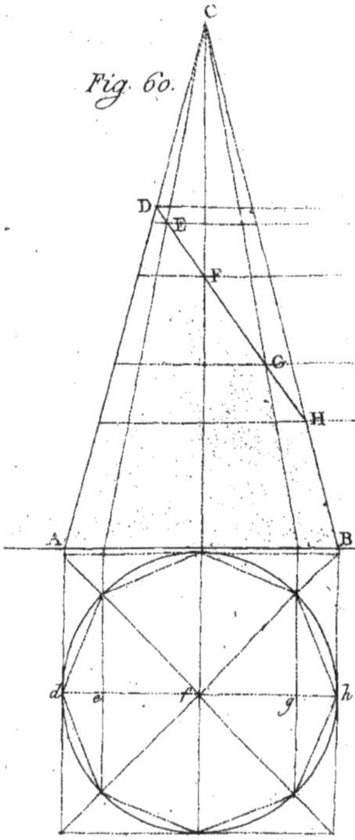

Fig. 61.

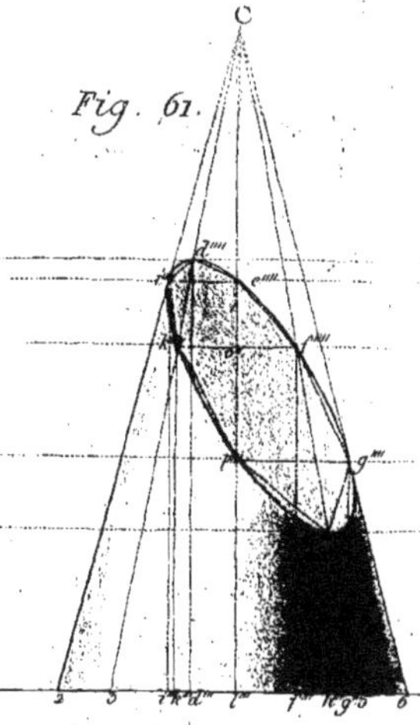

Fig. 62.

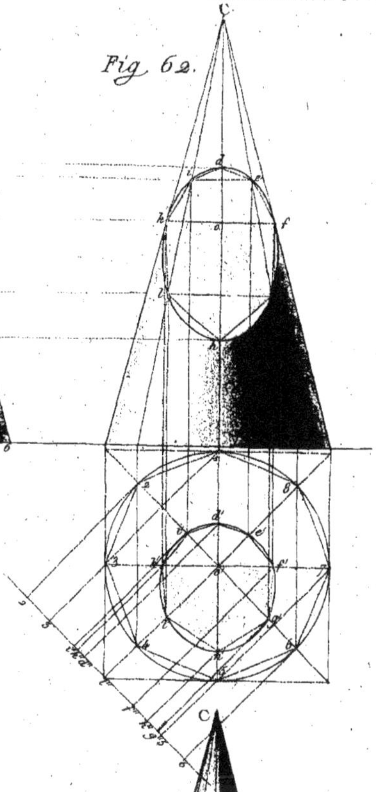

Fig. 63.

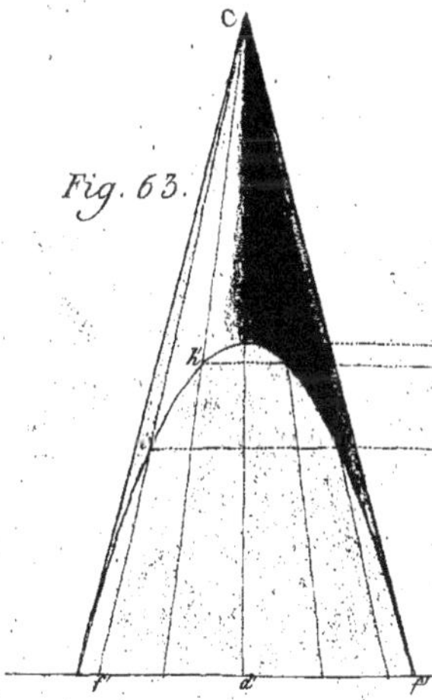

Fig. 64.

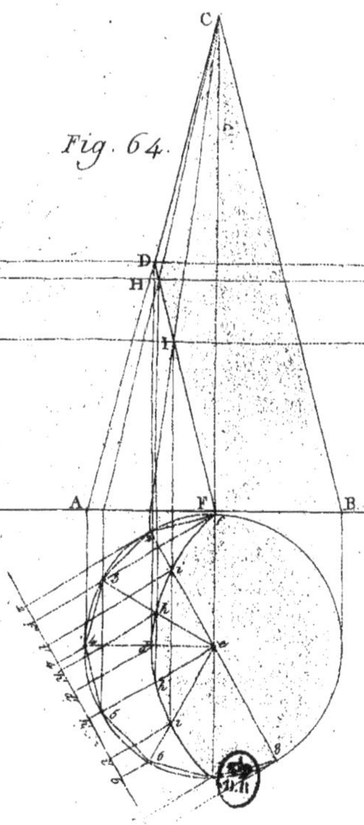

Fig. 65.

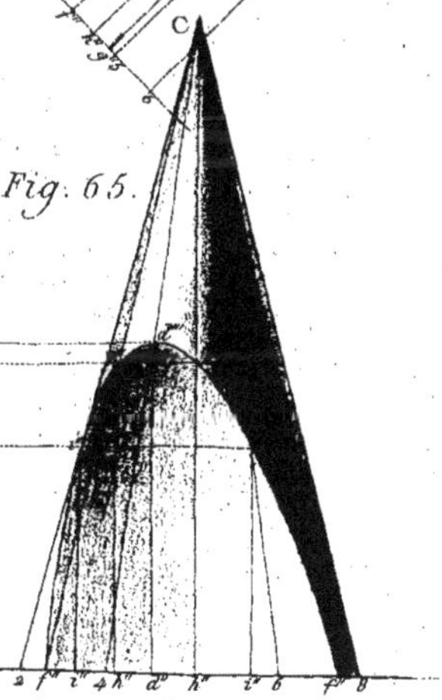

VII. LEÇON.

DE LA LUMIÈRE.

Observation sur la méthode de tracer les Ombres en Architecture.

On ne peut parvénir à faire saillir ou à détacher les objets du fond sur lequel on les représente, qu'en imitant sur chacune de leurs parties, les divers accidents que la Lumière y produit.

Les corps peuvent être éclairés de deux manières différentes sçavoir, par la lumière *directe* du soleil, ou seulement par sa lumière *réfléchie.* Dans le premier cas, la lumière et l'ombre forment des oppositions très sensibles ; dans le second, la lumière est moins vive, et l'ombre est moins prononcée.

Il est un principe généralement adopté en Architecture ; il consiste à ombrer tous les dessins dont on projette l'éxécution, comme s'ils étoient éclairés sous un angle de 50 grades, c'est-à-dire que le rayon de lumière qui éclaire un objet, est supposé dans la direction de 50 grades sur le plan horizontal, et 50 grades, sur l'élévation verticale; en sorte que l'ombre portée d'un corps est toujours égale à sa saillie.

Nous croyons devoir rapporter ce que dit à ce sujet le Ct. *Delagardette* élève de la cidevant Académie d'Architecture dans son excellent traité des *cinq Ordres*, article des *Ombres*, publié en 1786.

» L'expérience ayant fait voir que les monumens d'Ar-
» chitecture ne faisoient jamais un meilleur effet, que lors-
» qu'ils étoient éclairés sous l'angle de 45 dégrés, on est gé-
» néralement convenu d'en faire un principe pour ombrer les
» projets, les dessins et les gravures d'Architecture; c'est-à-

» dire de supposer que le rayon de lumière qui éclaire les » objets est à 45 dégrés sur le plan horizontal et à 45 dégrés » sur le plan vertical. Malgré cette convention si utile pour » juger des saillies des corps et de leurs effets, quelques » Artistes prétendent qu'il n'est pas nécessaire dans un dessin » d'Architecture, que les Ombres soient conformes à ce prin- » cipe que nous donne la nature, et que nous appellons na- » turel. Il est possible que les faux effets qu'on se permet » de donner aux dessins ne nuisent pas à leur élégance; » mais au moins sont-ils contraires à la vérité: il vaut donc » bien mieux se rendre compte du véritable effet que fe- » roit un monument s'il étoit exécuté conformément au plan, » que d'en faire un dessin séduisant dont les effets seroient » faux, et dont l'éxécution différeroit totalement du projet. » Un projet est l'original d'un objet qui doit être éxécuté d'a- » près lui: si l'effet qu'on y a donné n'est pas dans la na- » ture, l'éxécution ne rendra pas l'effet qu'on en attendoit.

» Il est incontestable que la forme et la grandeur des » Ombres sont les seuls moyens par lesquels nous jugeons des » véritables effets des élévations géométrales. Dans les éléva- » tions perspectives, on pourroit plutôt s'éloigner de la vérité » des Ombres, parce qu'outre les hauteurs et les largeurs » qu'elles ont de commun avec les Elévations géométrales, » elles ont de plus les plafonds et les parties fuyantes qui en » font sentir les effets. Comment donc dans les élévations » géométrales qui ne représentent que les hauteurs et les lar- » geurs, comment juger exactement de la saillie d'un corps, » si l'ombre est plus ou moins large qu'il ne faut relati- » vement au principe? Il est sûr que le corps nous paroî- » tra plus ou moins saillant qu'il ne l'est réellement. Ainsi, » de la verité des Ombres dépend la vérité de l'effet de » l'élévation ect. «

Cette méthode adoptée dans toutes les écoles d'Architectu-

re

re nous paraît avoir quelques inconvéniens par cela même qu'elle est généralement employée, et parce qu'elle sert, comme on vient de voir, à régler et à distribuer, dans la composition les différens membres qui doivent former et décorer les extérieurs et les intérieurs d'un monument.

77. Il est reçu en principe que dans tous les arts d'imitation, on doit choisir le plus beau moment de la nature. Le peintre doit donc se déterminer, quant à la lumière, pour l'instant le plus favorable à sa composition, puisque l'effet qu'elle produit reste invariable sur son tableau ou sur ses dessins. Mais il n'en est pas de même en architecture, cet art n'est pas imitateur; il est créateur. Chaque instant amène sur le monument qu'il a construit un changement de lumière sensible sur chacune de ses faces extérieures; et s'il arrive qu'il soit orienté de telle sorte que le soleil l'éclaire sous l'angle de 50 grades, cet effet n'a lieu que pendant un instant de quelques jours de l'année: le matin à 9 heures, et l'après midi à 3 heures. Dans tous les autres moments, les ombres sont ou plus courtes, ou plus alongées; ou bien elle disparoissent, et l'objet n'est plus éclairé que par des reflets. S'il n'est pas toujours possible de disposer un monument pour être éclairé sous l'angle de 50 grades, et si l'éffet que produit le soleil dans cette circonstance n'est que momentanée, comment se fait-il que la direction de la lumière devienne un principe pour arranger ou ordonner la composition d'un édifice? ne doit on pas craindre après la suppression des échafauds de trouver plat et monotone ce que l'on croyoit devoir produire un bel effet.

Ces considérations dont on entrevoit toute l'inportance nous portent à croire que les Grecs et les Romains déterminoient l'ordonnance de leurs compositions par d'autres principes, et qu'indépendamment du caractère propre à la destination de leurs monuments, ils en ordonnoient les diverses parties en raison de la plus grande distance à laquelle ils devoient être apperçus, suivant leur étendue en largeur ou en hauteur, et sans doute enfin, suivant la situation qu'ils devoient avoir à l'égard du méridien. Non seulement le principe par lequel on règle la composition des faces extérieures d'un monument peut occasionner des erreurs considérables; ces erreurs deviennent bien plus sensibles en l'employant pour l'ordonnance des interieurs. Car comment prévoir l'effet que doit produire le dessous d'un dôme, la saillie d'un entablement, le relief d'une colonne, d'un pilastre, l'intérieur d'une salle de spectacle, lorsque toutes ces choses ne doivent recevoir de lumière que par des portes ou des fenêtres, et quelquefois par des bougies. etc.

78. En attendant que nous donnions les règles que l'on doit suivre pour la composition, nous dirons seulement que, pour s'assurer de l'effet que devra produire un bâtiment, on doit ordonner toutes ses parties d'après des dessins qui doivent le représenter dans les circonstances où il doit se trouver après son exécution. Ces dessins doivent être mis en perspective suivant les différents lieux d'où il peuvent être vus le plus ordinairement. Ils doivent être ombrés suivant les incidents de lumière qu'ils devront éprouver à différens instants du jour, et même par reflet. Si le bâtiment projetté offre dans tous ses dessins un effet conforme à la phisionomie et au caractère qu'il doit avoir, suivant sa destination et sa disposition, on poura raisonnablement prévoir que l'éxecution répondra à l'intention qu'on a eue en le composant.

On ne devra faire usage des dessins ombrés sous l'angle de 50 grades, que pour se rendre compte de la dimension de chacune des parties, et pour servir de règle à ceux qui doivent être chargés d'en diriger l'éxécution.

Disposition des Corps à l'égard de la Lumière.

Pour rendre avec éxactitude les effets de la lumière, il ne suffit

suffit pas de tracer géométriquement les ombres qu'elle produit ; il faut encore connaître les causes qui modifient ses nuances, suivant la situation du corps lumineux et la disposition des surfaces.

La lumière est le lien de communication entre nous et les objets. Sans elle, et sans un organe propre à nous faire jouir de sa présence, continuellement ensevelis dans de profondes ténèbres, nous n'aurions aucune idée des merveilles qui nous environnent.

Comment la lumière nous fait-elle éprouver sa présence? Nous environne-t-elle, est-elle un fluide, émane-t-elle des corps lumineux etc etc? La nature de ce cours ne nous permet pas d'examiner la lumière sous tous les rapports physiques que ces questions présentent. Nous observerons seulement comment la lumière se comporte sur les corps et de quelle manière ces corps la réfléchissent.

Principes.

79. La lumière est produite par le soleil. Celle des corps en ignition est a-peu-près de même nature: elle est parfaitement blanche.

80. Pour qu'une surface soit éclairée directement par le soleil il faut qu'il n'y ait, entre lui et cette surface, aucun corps interposé.

81. Il n'y a dans la nature ni blanc ni noir : tout est lumière ou absence de lumière.

82. La variété des teintes que l'on remarque sur les corps, est produite par le mélange de l'ombre et de la lumière.

83. On peut concevoir un rayon de lumière sous la forme d'une ligne droite tirée du corps lumineux sur le corps éclairé (*fig.* 66).

84. Tous les rayons que l'on peut concevoir partir du soleil pour arriver sur les corps, sont considérés comme parallèles.

85. Un assemblage de rayons dirigés dans un même sens se nomme *faisceau* (*fig* 67).

Plusieurs rayons qui se rassemblent en un même point ou qui s'en écartent, se nomment *pinceau* (*fig.* 68).

86. On appelle rayon *d'incidence* celui qui paraît sortir du corps lumineux pour se rendre sur une surface ; et rayon de réflexion celui qui, du point de contact, paraît en ressortir pour se rendre sur les corps environnants.

On dit que *l'angle de réflexion* est égal à *l'angle d'incidence*, lorsque l'angle formé par le rayon incident avec la surface est égal à l'angle formé par le rayon réfléchi avec la même surface. Si les surfaces (*fig.* 69) en sont polies comme celles des miroirs, elles ne réfléchissent l'image de la lumière qu'une seule fois ; le reste de leur étendue paraît noir. Si elle sont mattes comme celles des pierres, des bois, des métaux non polis, elles ne présentent pas sensiblement l'image de la lumière, mais toute leur étendue est visible, en sorte que plus il y a dans un corps de parties disposées pour réfléchir la lumière, plus il paraît éclairé.

87. Les corps de la nature sont tous composés de petites parties arrangées près les unes des autres dans un ordre plus ou moins régulier. Chacune de ces parties, si petite que l'imagination puisse les supposer, sans errer dans les chimères métaphysiques, est en derniere analyse un petit corps enfermé sous une ou plusieurs surfaces. Ces surfaces sont autant de petits miroirs qui représentent l'image de la lumière. C'est cette propriété particulière qui paraît faire produire à la lumière tant de phénomènes différens.

Soit un solide (*fig.* 70), placé au soleil ; la surface A, nous paraîtra plus brillante que les autres, parce que la plus grande partie des facettes dont elle est composée réfléchissent dans tous les sens, mais chacune suivant la loi de réflexion, la portion de lumière que peuvent permettre sa forme et son étendue.

Pour rendre cette démonstration sensible, supposons que la surface A, soit composée de 5000 petits prismes ou diamans enchassés de manière qu'ils présentent chacun 5 surfaces; nous aurons 25000 petits miroirs disséminés dans toute son étendue. Toutes ces facettes ne peuvent réfléchir à la fois la lumière, parce qu'il n'y a que celles tournées vers elle qui puissent avoir cette propriété. Supposons encore que chaque molécule ne présente à la lumière que deux facettes; l'intensité sur la grande surface peut être exprimée par les $\frac{2}{5}$ de ses parties réfléchissantes ou par les $\frac{2}{5}$ de son étendue.

88. Cet eclat de lumière diminue encore devant notre œil, parce que nous ne pouvons avoir la sensation d'un rayon de lumière que lorsqu'il est directement dirigé vers nous: ainsi en considérant la surface A, on ne peut avoir le sentiment de son étendue que par les seules facettes disposées pour nous réfléchir la lumière; ensorte que sur les 10000 facettes que nous avons trouvé refléchir en tous sens, il n'en est qu'environ $\frac{1}{10}$ qui réfléchissent vers nous.

C'est cette propriété particulière aux surfaces de réfléchir la lumière sous un angle égal à son incidence qui produit les variétés que l'on observe sur un corps suivant la position que l'on a devant lui. Un spectateur placé en P, ne peut appercevoir la surface A, que par les réfléxions qui sont dirigées vers lui. Il en est de même pour un second placé en R; il voit bien la même surface, mais il ne la voit pas par les mêmes points, ni de la même manière. Elle doit paraître du point P, plus brillante que du point R, parce qu'il y a vers P plus de parties réfléchissantes.

On concevra facilement d'après cet exposé, les causes qui rendent la surface B moins brillante que la surface A. La lumière à l'égard de sa situation n'éclaire pas un aussi grand nomdre de petites facettes; et l'ombre que l'on peut concevoir formée par la saillie des molécules sur les molécules voisines, forme une multitude de petits points noir qui en diminuent l'éclat.

89. On concevra de la même manière, pourquoi la surface C, est encore moins éclairée que cette dernière : la lumière ne fait que glisser pour ainsi-dire sur toute son étendue, en sorte qu'il n'y a que les facettes taillées sur le sommet des molécules, qui puissent la réfléchir, et que les ombres portées par les molécules sur les molécules voisines sont plus allongées. On peut s'assurer de l'éxactitude de ces démonstrations en considérant avec attention au travers d'une loupe ou d'un microscope, un morceau de grès, de pièrre, ou de marbre non poli.

90. La surface D, paraît presque noire parce que sa position opposée à la lumière ne peut permettre dans toute son étendue assez de réfléxion pour nous en donner un sentiment bien distinct, et si l'on apperçoit son étendue, c'est parce qu'elle se trouve environnée par des surfaces éclairées qui tranchent sur ses extrémités.

Des Réflets.

91. Lors qu'une surface est opposée à la lumière et que les corps qui en sont voisins sont éclairés, elle reçoit de ces corps une portion de lumière qui la rend sensible : ce ton de lumière se nomme *Reflet ou Clair-obscur.*

92. Cet effet est la suite des propriétés que nous venons de reconnaître aux molécules constituantes des corps. Les surfaces opposées au soleil comme F, sont visibles, parce que leurs petites facettes mirent l'image du terrein sur lequel elles sont élevées, et celle des corps qui les environnent ; en sorte que plus ces corps sont brillants, et plus ils ont d'étendue, plus les réflexions qu'ils occasionnent doivent paraitre brillantes.

93. Lorsque des surfaces s'éclairent les unes par les autres, l'intensité de la lumière diminue sur chacune d'elles en proportion

Fig. 66.

Fig. 67.

Fig. 68.

Fig. 69.

Fig. 70.

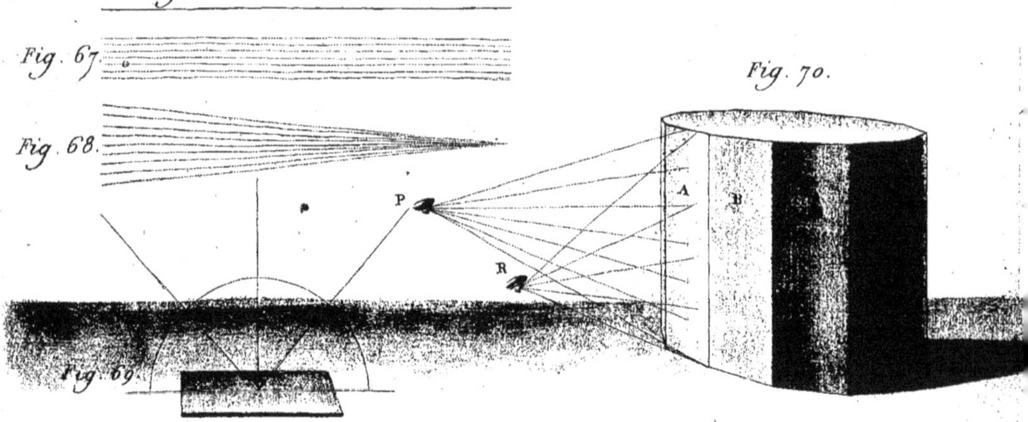

Fig. 71.

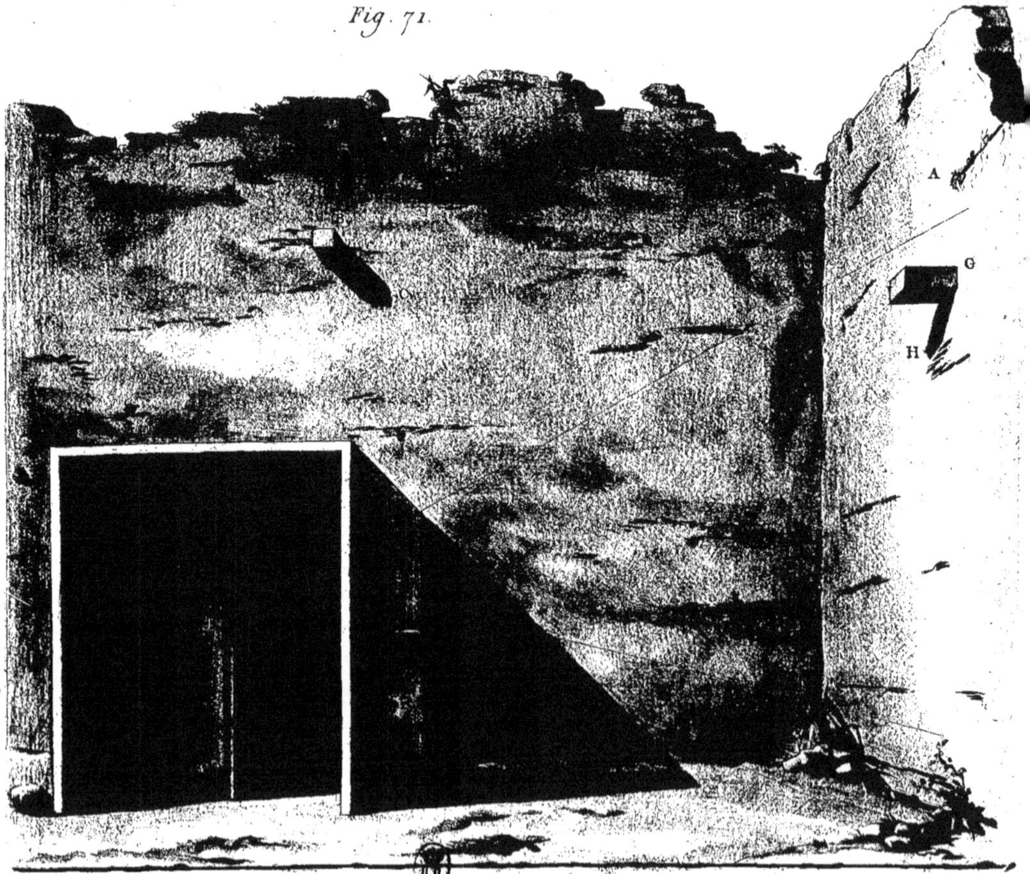

proportion de leur étendue et de leur situation à l'égard du corps lumineux. La surface extérieure *g* (*fig.* 41), réfléchiroit bien peu de lumière, si elle étoit isolée, puisqu'elle est opposée au soleil; mais elle est dressée verticalement devant une surface très éclairée. Cette surface (87) mire, par une multitude de petites facettes taillées sur ses molécules, une portion du corps lumineux. La surface *g* mire à son tour, par ses petites facettes, tous les points brillants de la surface H qui réfléchissent vers elle; ensorte que la somme de lumière qui nous rend sensible son étendue, n'est produite que par ses petites facettes qui, semblables à de petits miroirs, nous en réfléchissent l'image.

Quelque brillante que soit, dans cette circonstance, la surface *g*, elle ne peut l'être autant que celle dont elle reçoit la lumière: la différence qu'on y remarque doit être à peu-près dans le rapport de celui qui éxiste entre la surface H et la lumière même. Supposant (87 et 88) que l'intensité de lumière sur la première surface soit de $\frac{2}{5}$ moins brillante que le soleil, l'intensité de la lumière sur la surface *g*, sera de $\frac{2}{5}$ moins brillante ou moins blanche que la surface H. Il en seroit de même pour une 3me. qui seroit éclairée par cette dernière.

94. C'est à la propriété qu'ont les surfaces de se renvoyer de l'une à l'autre la lumière, que nous devons l'avantage de distinguer dans l'intérieur d'une chambre tout ce qui se passe sur l'étendue de ses murs.

La surface intérieure *f* est ainsi que celle *g*, éclairée de reflet, mais elle ne peut être aussi brillante qu'elle, parce que dans le nombre infini de petites facettes dont elle est composée, il n'y a que celles dirigées vers l'ouverture *p* qui puissent réfléchir l'image de la surface extérieure H: celles qui n'ont pas cette direction deviennent nulles, ou augmentent même l'obscurité, en ne réfléchissant que des parties de l'intérieur qui ne sont presque pas éclairées. Cette surface devient à son tour le foyer qui éclaire toutes celles qui l'environnent, chacune suivant la place qu'elle ocupe devant elle, comme on peut le voir par les teintes indiquées sur les surfaces *t y s*.

95. Le principe que nous venons d'établir s'applique à tous les effets de lumière ; mais particulièrement aux réfléxions produites entre des surfaces planes de même couleur et de même nature : car lors qu'elles sont de couleurs différentes, les effets ne sont plus les mêmes. Si la surface H que nous avons supposé être blanche, étoit d'une couleur brune ou noire, la lumière produite sur la surface *g* seroit moins brillante parce qu'elle ne pourroit mirer et réfléchir que le petit nombre de points brillants qui seroient disséminés sur la surface placée devant elle.

La raison de ces différences dépend de l'ordre et de l'arrangement qu'ont pris entr'elles les parties constituantes du corps lors qu'il s'est formé. Le sentiment visuel qui nous fait éprouver la présence de ce corps, n'étant produit que par la réfléxion de la lumière faite par quelques-unes des facettes taillées sur chacune de ses molécules extérieures, on conçoit que plus les facettes sont multipliées sur ce corps, plus elles multiplient l'image de la lumière, et plus il doit paroître blanc ; mais lorsque l'arrangement des parties ne présente pas une aussi grande quantité de facettes, il paroît d'autant moins blanc qu'il a moins de parties réfléchissantes. On peut donc considérer les surfaces comme des miroirs qui répètent avec plus ou moins de netteté les objets placés devant eux. Ainsi toutes les fois que l'on aura à rendre le ton d'une surface éclairée de reflet, il faut faire attention à sa position et à l'intensité de lumière qui brille sur celle qui l'éclaire.

VIII. LEÇON.

Des effets de la Lumière sur les corps Circulaires.

Les phénomènes que nous venons d'observer sur les surfaces planes ne sont plus les mêmes sur les surfaces courbes quoiqu'ils soient fondés sur le même principe.

La surface des corps circulaires peut être matte ou polie: si elle est polie, la lumière est réfléchie sous la forme d'un point ou d'un filet très brillant: le reste de son étendue paroît noir s'il n'y a rien autour d'elle dont elle puisse répéter l'image. Si elle est matte, le point ou le filet lumineux est beaucoup moins brillant ; il occupe une étendue plus considérable; et la portion de surface éclairée présente des tons gradués depuis l'endroit lumineux jusqu'aux endroits les plus obscurs.

Nous n'entreprendrons point de déterminer la forme des ombres, ni celle de la lumière sur les diverses surfaces composées de plusieurs courbes; ce travail nous meneroit trop loin: nous considérerons seulement la lumière sur les corps à surfaces courbes régulières, comme celles du Cylindre, du Cône et de la Sphère.

Presque tous les artistes n'ont considéré la lumière, et n'ont étudié ses effets, qu'en cherchant la forme des ombres qu'elle produit sur les corps, et paraissent avoir négligé ses effets sur leurs parties éclairées. Ils placent presque toujours au hazard le point le plus lumineux d'une surface circulaire, sans connoître la cause physique qui le produit, ni le moyen géométrique qu'il faut employer pour déterminer sa place. Cependant ce n'est qu'en assignant la place précise de ce point que l'on parvient à donner au corps représenté le caractère et la phisionomie qui lui conviennent.

La difficulté que l'on éprouve à rendre les effets de la

lumière sur les surfaces circulaires , principalement celles qui brillent sur les corps polis , vient de ce que cette lumière est mobile , et que l'endroit où elle paroît être, et l'endroit où il faut l'indiquer sur le dessin, n'est pas la place la plus éclairée du solide ; car si vous tournez au tour de ce solide, la lumière réfléchie variera dans le même sens: elle paroîtra occuper successivement toutes les parties de l'étendue éclairée.

Déterminer quel est l'endroit le plus brillant d'une surface Circulaire placée devant le soleil.

96. En considérant un Cylindre droit éclairé par le soleil, dont le cercle C D E F (*fig.* 72) seroit le plan, on remarquera 1°. que la partie éclairée C F E est égale à celle E D C privée de lumière. 2°. que le passage de la lumière à l'ombre se fait d'une manière insensible.

97. Soit donnée la direction de la lumière dans le sens de la ligne A B , ses rayons parallèles formeront un faisceau égal et perpendiculaire au diamètre C E. Ce faisceau éclaire la moitié de la circonférence et ne peut éclairer qu'elle ; tous les points qui sont au-de-là sont opposés à la lumière, en sorte que les extrémités C E du diamètre séparent de chaque côté du corps, la partie lumineuse de la partie privée de lumière.

98. Pour rendre raison de ces effets, considérons les points qui composent la circonférence comme autant de petits plans ; nous aurons un pantagone formé d'un nombre infini de côtés qui seront tous perpendiculaires aux extrémités des rayons de la courbe. On conçoit que, dans cette disposition, ils ont devant la lumière des situations différentes, et qu'ils doivent la mirer et la réfléchir suivant l'angle qu'ils font devant elle.

99. Entre les faces que présente à la lumière la demi-circonférence C F E que nous venons de transformer en poligone, il en est une qui réfléchit plus parfaitement la lumière. La petite facette *i k* perpendiculaire à l'extrémité F du

du rayon F O sera la plus lumineuse, parce qu'elle est parallèle à la lumière et perpendiculaire au rayon L F et qu'elle réfléchit un faisceau de rayons égal à son étendue.

100. Il n'en sera pas de même pour une petite facette *n m* prise au hazard sur la portion de la circonférence éclairée: elle est, comme la première, perpendiculaire à l'extrémité de son rayon T O; et par cette raison, elle donne moins de prise à la lumière. Le faisceau que sa situation lui permet de réfléchir est plus petit, plus rapproché, ensorte que la sensation qu'elle fait éprouver est moins forte. Enfin à mesure que les parties éclairées s'écartent du point le plus lumineux F, elles réfléchissent moins de lumière, et les petites facettes des extrémités C E du diamètre C O E, ne peuvent rien réfléchir, parce qu'elles sont parrallèles aux rayons G C, H E qui glissent devant elles sans pouvoir s'y arrêter.

Le raisonnement que nous venons de faire pour déterminer le ton de lumière propre à chacun des points de la surface éclairée, est à peu-près le même pour concevoir comment chacun de ses points réfléchit.

101. Nous avons vu (86), que l'angle de réfléxion étoit toujours égal à l'angle d'incidence. Tous les petits plans que nous avons supposé faire partie de la surface éclairée, réfléchissent chacun, selon cette loi, en raison de la place qu'ils y occupent. Ainsi, le rayon incident *l''* P dirigé sur le point P, réfléchira vers *r*. Le rayon *l* T réfléchira vers *s*. Le rayon *l'* V réfléchira vers *x*, etc. Enfin il n'y a pas un seul point de l'espace environnant la partie éclairée, vers lequel il ne soit dirigé une réfléxion : mais comme chacune de ces réfléxions appartient à un point déterminé du solide, un spectateur placé en *r* ou en *s* n'appercevroit à la fois qu'un seul point lumineux sur la courbe C F E, celui qui réfléchit précisément à la place où il se trouve; car les points voisins de celui qu'il apperçoit ne peuvent lui apporter

aucune sensation, puisque leur réfléxion se fait dans des directions différentes.

La direction de la lumière et un point d'une surface circulaire étant donnés, trouver dans quel sens doit se porter le rayon réfléchi.

102. Pour connoître dans quel sens réfléchirait le point F pris au hazard sur la circonférence (*fig.* 73), on dirigera sur ce point un rayon de lumière, et on élèvera sur le même point une perpendiculaire, ou ce qui est la même chose, on prolongera indéfiniment le rayon F O à l'éxtrémité duquel il est placé : on aura alors l'angle d'incidence L F *c*, formé par le rayon incident L F et la perpendiculaire F *c*. Puis, on fera l'angle de réfléxion *c* F *h* égal à L F *c*, on aura la ligne *h* F qui sera la direction du rayon réfléchi. Si l'on fait la même opération pour un autre point comme S, on aura sa réfléxion en *r* etc. On voit donc que les surfaces polies circulaires réfléchissent la lumière d'une manière bien différente que les surfaces planes : celle-ci réfléchissent par des rayons parallèles qui apportent la sensation des objets sous leurs formes naturelles, tandis que les surfaces circulaires la réfléchissent par des rayons qui divergent dans l'espace. cette divergence fait paroître des formes bizarres, ou ne laisse appercevoir qu'un point brillant.

La forme que présente la Lumière réfléchie par la surface circulaire d'un Cylindre, est celle d'une Ligne droite.

103 Considérant le Cylindre A B (*fig.* 74) formé géométriquement par la translation d'un cercle qui auroit glissé parallèlement à lui même dans la direction d'une ligne droite, le mouvement du cercle qui a produit le solide, a disposé tous les points de sa surface d'une manière uniforme autour de son axe. cette disposition donne à toutes les parties de la surface une situation différente devant la lumière, ensorte qu'elles la réfléchissent suivant la place qu'elles y occupent.

cupent. Ainsi connoissant, au moyen de l'opération précédente, dans quel sens doivent réfléchir tous les points de la circonférence du cercle supérieur, on connoîtra dans quel sens réfléchissent tous ceux de la surface, puisqu'elle est formée par le mouvement de ce cercle. Supposons qu'un rayon de lumière L M soit arrivé à un des points quelconque de la circonférence du cercle supérieur, et qu'il ait réfléchi dans l'espace un rayon dans la direction M R. Le point *f* qui brillera sur la circonférence du cercle inférieur B, sera nécessairement le point qui a, devant la lumière et sur le solide, la même disposition que le point M. Il mirera donc un rayon parallèle à L M qui sera réfléchi parallèlement à M R. Les cercles intermédiaires qui présentent à la lumière des points *f f f* semblables aux deux premiers, produiront le même effet: ces points brillants auront la direction d'une ligne droite qui sera perpendiculaire aux cercles, et parallèle à l'axe A B du solide.

104. Il en seroit de même si le cylindre étoit incliné, car supposant qu'une des parties de la circonférence de la base supérieure I du cylindre incliné (*fig.* 75) ait miré le rayon incident L A, et qu'il l'ait réfléchi dans la direction de la ligne A F; le point de la circonférence d'un des cercles qui a formé le solide et qui mirerait aussi un rayon incident, ne pourrait être qu'un point disposé sur le solide et devant la lumière, de la même manière que le point A: il réfléchira donc un rayon parallèle à A F. Les points *c c c* qui brillent ensuite dans toute la hauteur du solide, ne peuvent être que des points disposés de la même manière que les deux précédents, et doivent par conséquent réfléchir des rayons semblables aux deux premiers. Toutes ces réfléxions formeront une ligne très brillante inclinée et parallèle à l'axe du solide.

105 Le Cône présente, ainsi que le cylindre, l'image de la lumière sous la forme d'une ligne droite tirée du sommet à

sa base (*fig.* 76). Le cône considéré géométriquement, est engendré par le mouvement d'un triangle rectangle qui auroit fait une révolution sur l'un de ses côtés droits : la circonférence des cercles qui vont en croissant du sommet à sa base ne peuvent présenter à la fois devant la lumière qu'un seul point ou petite facette qui lui soit parallèle. Tous ces points seront nécessairement rangés dans la direction d'une ligne droite qui passeroit par le sommet et par un des points de la circonférence de sa base. On peut donc considérer la ligne lumineuse comme la base d'un plan qui contiendroit les rayons incidents, et comme celle du plan qui contiendroit les rayons réfléchis.

106. La surface de la sphère, ainsi que nous l'avons dit, ne présente qu'un point lumineux. On en sentira facilement la raison, si l'on fait attention que sa surface formée par le mouvement d'un demi cercle qui auroit fait une révolution autour de son diamètre, ne présente et ne peut présenter qu'un seul point ou facette parallèle au corps lumineux, puisque ces points sont tous perpendiculaires à l'extrémité de leurs rayons. Ainsi le point qui se trouve placé dans la direction du rayon de lumière qui passe par le centre de la sphère, est le point le plus éclairé de toute la surface. Ce point, comme nous le verrons par la suite, n'est ordinairement pas celui qu'on apperçoit, parce que les rayons incidents mirés par toutes les parties de la surface, réfléchissent des rayons qui divergent dans l'espace ; et comme notre œil ne peut appercevoir la réfléxion d'un point que lorsqu'il est dans la direction du rayon, nous n'appercevons sur la partie éclairée de la sphère que le point qui réfléchit vers nous.

IX Leçon

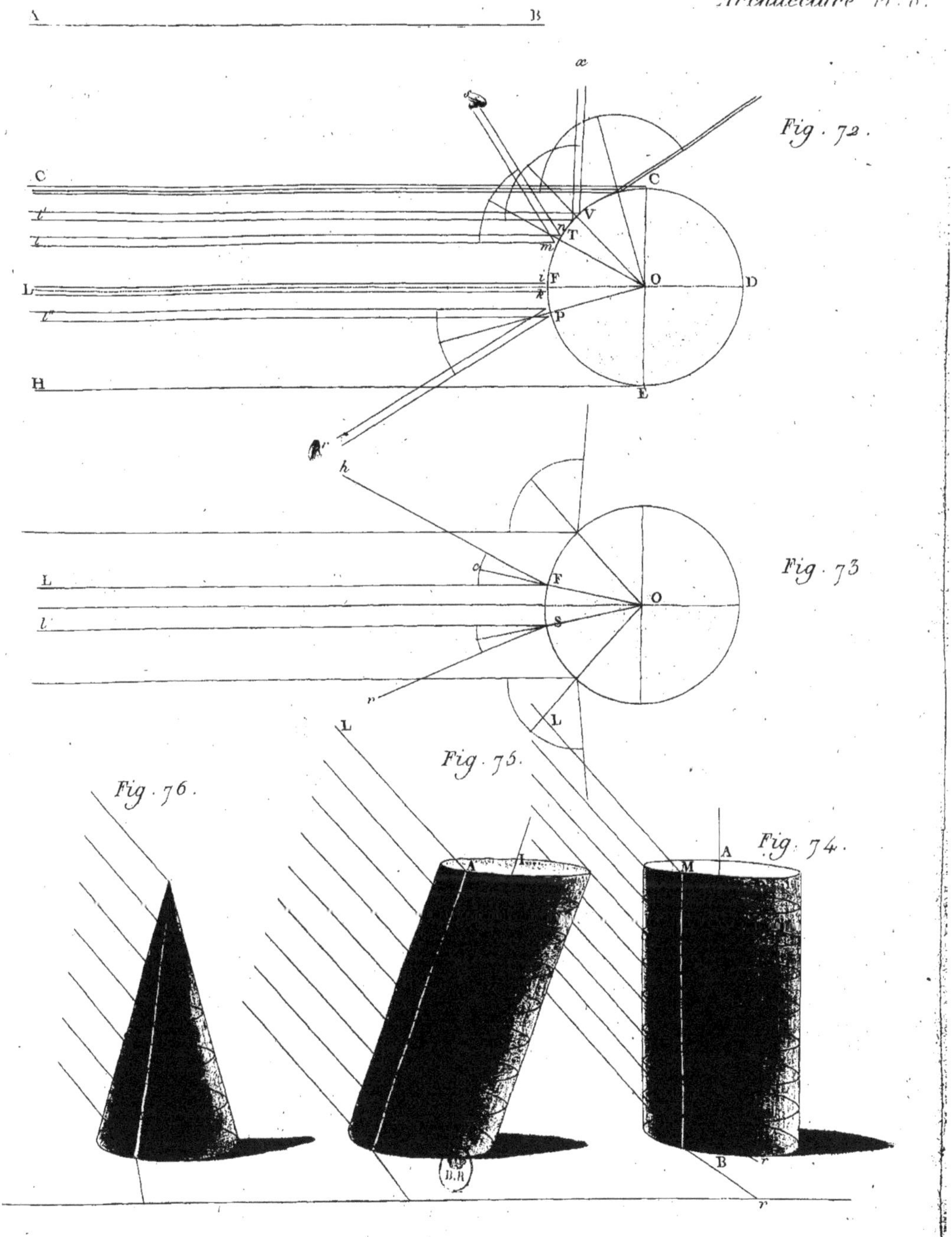
Fig. 72.
Fig. 73
Fig. 75.
Fig. 76.
Fig. 74.

IX. LEÇON.

Nous avons, vu dans la dernière leçon, que les corps polis circulaires réfléchissoient toujours la lumière sous la forme d'un point ou d'une ligne; et nous avons fait remarquer que la place où brilloit cette lumière n'étoit ordinairement pas l'endroit du solide le plus éclairé. Ce phénomène intéressant, souvent trop négligé, dépend de la situation du corps éclairant, de la forme et de la situation du corps éclairé, et enfin de la position du spectateur.

En Scénographie, la représentation d'un corps est formée sur le tableau, par l'intersection des rayons réfléchis qui tendent vers un seul point.

En Orthographie, la représentation des corps se forme de toutes les parties qui sont disposées à réfléchir vers le plan vertical. Cette manière d'envisager les représentations géométrales ne peut avoir lieu que pour les corps à surfaces brutes ou non polies, parce que dans la multitude de facettes qu'ils présentent à la lumière, celles qui réfléchissent perpendiculairement au plan vertical, suffisent pour en déterminer l'image. Mais lorsque les corps sont polis, les rayons qu'ils réfléchissent ne sont ordinairement pas perpendiculaires au tableau; ils y sont inclinés dans la proportion du rayon de lumière.

107. Toutes les parties qui composent la surface polie d'un cylindre droit (*fig.* 77), peuvent être considérées comme autant de petits miroirs M, placés perpendiculairement autour de sa circonférence. Dans cette position la direction des rayons qu'ils réfléchissent ne peuvent être horizontal, (à moins de supposer que la direction de la lumière ne soit elle même horizontale); mais lorsqu'elle est inclinée, comme L M, les rayons qu'elle réfléchit s'inclinent selon la loi des réflexions; et l'on conçoit que dans le nombre des réflexions produites

par les parties de la circonférence du cylindre, il n'y a que celles qui réfléchissent par le plus court chemin vers le plan antérieur, qui puissent y devenir sensibles. Ainsi quelqu'incliné que soit le rayon réfléchi M R, il n'apportera l'image du point brillant, que quand la ligne qui le représentera dans le plan, sera perpendiculaire à la base du tableau.

On observera que la ligne perpendiculaire M P que l'on imagine élevée sur la petite surface dont on cherche la réflexion, et qui sert à séparer l'angle d'incidence d'avec l'angle de réflexion, doit toujours passer par le centre de la courbe dont la petite facette M fait partie.

La direction de la lumière étant donnée, trouver sur un Cylindre à surface polie, la ligne de lumière qu'il doit réfléchir.

108. Soit un Cylindre (*fig.* 78), sur lequel on veut tracer la ligne lumineuse qu'il doit réfléchir suivant la position de la lumière représentée par la ligne S O. Après avoir construit le plan du cylindre, on tracera en *s o* le plan du rayon de lumière, en cherchant sa position par les moyens employés pour déterminer la situation d'une ligne donnée dans l'espace.

Sachant que le rayon qui réfléchit le point le plus brillant doit être perpendiculaire au tableau, on cherchera à connaître dans le plan, la valeur de l'angle qu'il doit faire avec le rayon de lumière. Pour cela, par l'un des points quelconques de la ligne *s o*, on menera vers la base du tableau, une perpendiculaire *m r*; cette ligne sera le plan du rayon réfléchi, et elle formera avec *s o* l'angle de lumière au sommet duquel doit se trouver la facette réfléchissante; puis on partagera l'angle *s m r*, en deux parties égales par la ligne *p m*; cette ligne sera le plan de la perpendiculaire.

109. Maintenant, pour trouver sur le plan du cylindre, entre les parties qui composent sa circonférence, celle qui doit réfléchir vers le tableau, par le centre B, on menera une ligne parallèle à *p m*: l'endroit *m'*, où elle coupera la circonférence

sera

sera précisément le plan de la petite facette qui doit réfléchir perpendiculairement au tableau. Puis, par le point m', on élèvera une perpendiculaire: cette ligne donnera sur le cylindre, la trace de la ligne lumineuse qu'il doit réfléchir.

Trouver sur une Sphère à surface polie, la direction de la Lumière étant donnée, le point brillant qu'elle doit réfléchir.

Cette opération consiste à trouver, entre toutes les parties éclairées de la surface de la sphère, celle qui réfléchit perpendiculairement au tableau, ou bien, à déterminer dans l'espace la position de la perpendiculaire, à l'extrémité de laquelle seroit placé le point brillant qui réfléchit vers le tableau ou le spectateur.

On observera que, dans quelque situation que l'on suppose placé dans l'espace, le plan dans lequel se trouve compris les rayons incidents et réfléchis et la perpendiculaire, cette dernière partage toujours sur le plan et dans l'élévation, l'angle formé par ces rayons en deux parties égales.

110. Le rayon de lumière S O étant donné (*fig.* 79), incliné de 48 grades à l'horizon, et *s f* sa représentation, sur le plan, inclinée de 46 grades à la base du tableau, par l'un des points du rayon S O comme F, on tracera une perpendiculaire G *r* à celle T T qui représente la bàse du tablau. Si l'on considère le point F comme la petite facette réfléchissante placée à l'extrémité du rayon de lumière, et la section *f* comme le plan de cette facette, la portion *f b* de la ligne G *r* sera le plan du rayon réfléchi; et l'angle *s f r* partagé par moitié donnera en *p f* le plan de la perpendiculaire.

111. Pour déterminer en élévation la situation de la perpendiculaire, et par suite celle du rayon à l'extrémité duquel doit être placé le point brillant, on imaginera un plan triangulaire incliné formé par les rayons incidents et réfléchis, dont un côté seroit horizontal, et l'autre incliné, comme le rayon de lumière. On figurera sur le plan ce triangle, en don-

nant au côté rf, une longueur F A, prise à volonté sur le rayon de lumière S O que l'on portera de f en b; et au côté sf, cette même longueur, mais raccourcie en proportion de son inclinaison, en sorte que le côté af, sera égal à la distance verticale du point A au point G. Par les points a et b, on menera une ligne qui formera le troisième côté du triangle. Ensuite on fera l'élévation de ce triangle suivant la direction de la ligne pf, en abaissant sur cette ligne des perpendiculaires, du sommet des angles a, et b. Puis, on prendra la distance $a'f$ que l'on portera, en élévation, de G en a''; ce point sera l'angle supérieur. On prendra également la distance $b'f$ que l'on portera de F en b''; ensuite, on divisera l'angle a'' F b'' en deux parties égales, pour mener la ligne P F prolongée indéfiniment vers C. Cette ligne est le profil de la perpendiculaire à l'éxtrémité de laquelle doit être le point réfléchissant.

Nous avons vu que la perpendiculaire prolongée au-de-là du point réfléchissant, devoit être un des rayons du grand cercle sur lequel ce point doit se trouver; on portera donc de F en C, la longueur du rayon de la sphère; et par le point C on décrira un cercle. Ce cercle sera le profil géométral du grand cercle de la sphère; et le point F, placé à sa circonférence, sera le seul dont la réflexion soit horizontale.

112. Pour transporter cette opération sur le solide, on fera passer par le centre c du plan, une ligne parallèle à celle pf. Puis, par une longueur égale au rayon du segment F H, on décrira du centre c un cercle: l'endroit où il coupera la ligne $p'f'$, sera le plan du point réfléchissant. Par ce point on élévera une perpendiculaire; l'endroit où elle coupera une horizontale menée au-dessus du centre c', par une distance égale à C y, donnera sur la sphère en f'' la place du seul point qui réfléchit horizontalement vers le plan antérieur ou le spectateur.

X. Leçon.

Fig. 77.

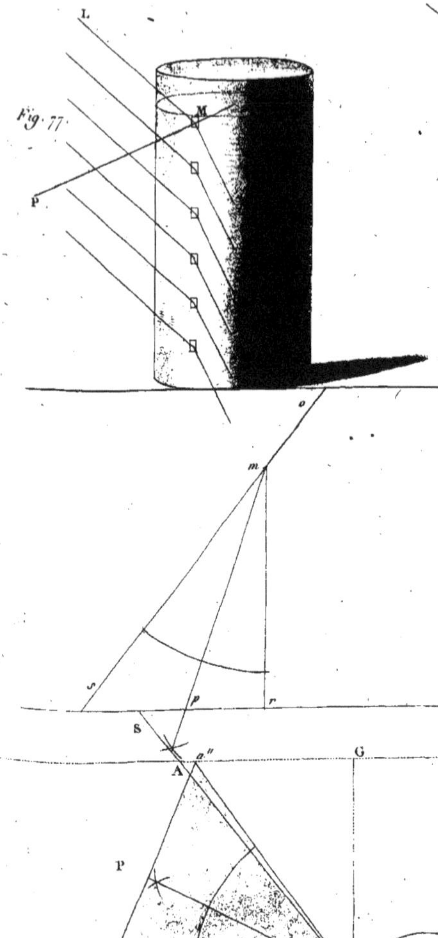

Fig. 78.

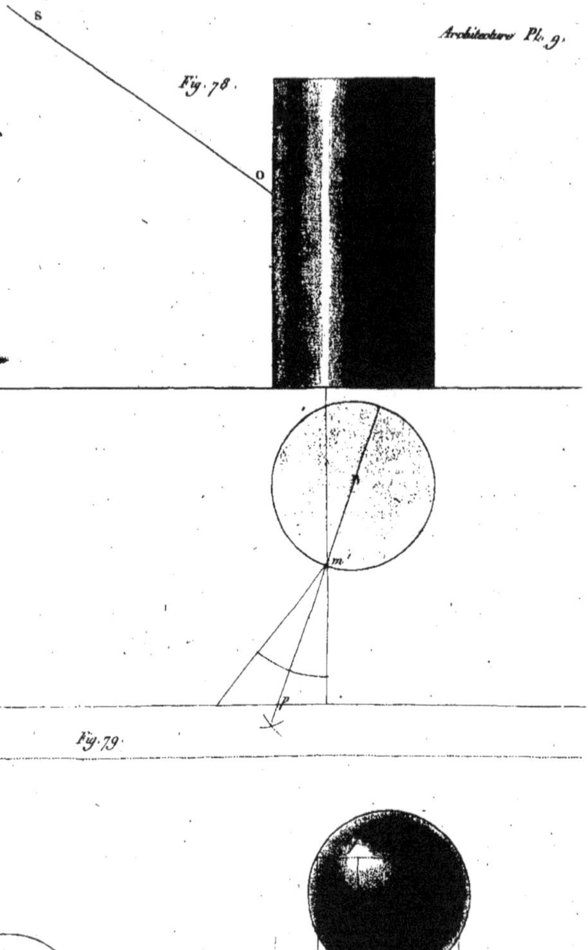

Fig. 79.

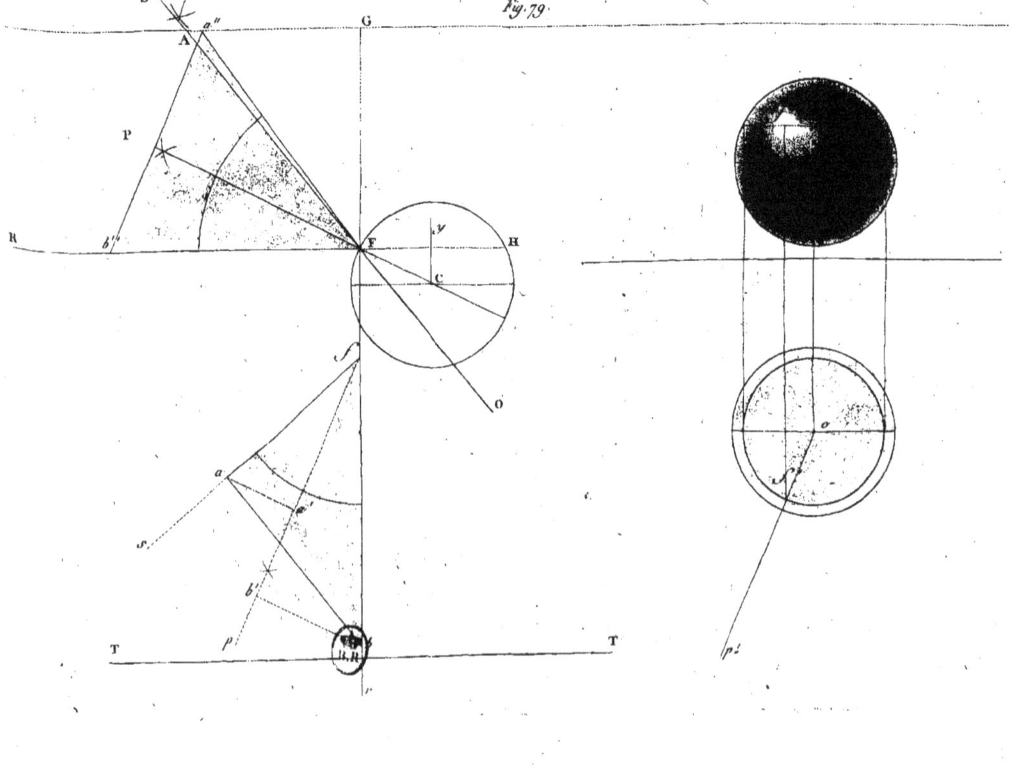

X. LEÇON.

Des Ombres portées, et de la Manière de les tracer Géométriquement.

On entend par *Ombres portées*, un espace quelconque privé de la lumière directe du corps lumineux.

La forme de cette ombre dépend, 1°. *de la nature du corps éclairant*; 2°. *de la forme du corps interposé qui la produit*; 3°. *de la forme et de la situation de la surface sur laquelle l'ombre est projettée.*

« *De la nature du corps lumineux*, parce que la lumière que l'on emploie peut être celle du soleil, d'un flambeau, ou celle qui passe par une ouverture, comme porte ou fenêtre. La lumière du soleil est celle que l'on emploie en Architecture à cause que ses ombres nettes et tranchées font valoir les plus petits détails. Les ombres produites à-la-fois par des corps lumineux ou des ouvertures, sont indécises et comme fondues à leurs extrémités.

« *De la forme du corps interposé*, parce que la forme de l'ombre dépend de celle du plan qui partage le corps en parties lumineuses et en parties privées de lumière.

« *De la forme et de la situation de la surface*, parce que l'ombre projettée sur une surface plane, verticale, change de forme sur la même surface si elle vient à s'incliner. Elle change encore de forme si la surface est gauche, concave, ou convexe.

113. Pour comprendre la cause qui détermine la longueur et la direction des ombres, supposons une pyramide M (*fig.* 80), placée au centre de l'horizon rationel, ou au milieu de la base de l'hémisphère supérieur, et un plan circulaire vertical A B Z C D dont la circonférence seroit l'équateur, ou la trace de la course du soleil d'orient en occident. On voit que la longueur de l'ombre de la pyramide doit varier à tous les instans du

jour. Lorsque le soleil sera en E, un peu au-dessus de l'horizon, l'ombre sera d'une l'ongueur très considérable ; lorsqu'il sera en B elle sera moins prolongée. L'ombre disparaîtra lorsque le soleil sera parvenu au zénith Z. Ce point dépassé, l'ombre croîtra en sens contraire, et s'allongera dans la même proportion qu'elle s'étoit raccourcie le matin.

On voit que cette démonstration est propre aux peuples situés sous l'équateur, entre les tropiques; ils ont l'ombre de la pyramide projettée seulement à droite ou à gauche dans la direction de la ligne qui est dans le plan de l'équateur. Ceux qui habitent l'hémisphère septentrional doivent à midi représenter l'ombre dirigée vers le nord; ceux qui habitent l'hémisphère méridional doivent la représenter dirigée vers le sud, et ils la voient d'autant plus longue, qu'ils sont plus voisins des pôles, en sorte qu'une suite de monuments qui seroient placés de degrés en degrés dans la longueur d'un même méridien, projetteroient des ombres qui produiroient des effets différents les uns des autres. Ceux près l'équateur auroient les ombres projettées par leurs parties saillantes d'une longueur très-considérable, et les ombres sur le terrain très-courtes. Ceux près des pôles auroient un effet contraire.

114. Non-seulement la direction et la dimension de l'ombre dépendent de la situation de l'objet à l'égard du soleil; mais elles dépendent encore de la situation du spectateur devant le corps éclairé. Si le matin il considère la pyramide de la place K, l'ombre se portera perpendiculairement devant lui; s'il est placé en N ou en S, l'ombre formera, à sa droite ou à sa gauche, des angles droits; enfin s'il se place à un des points compris entre deux points cardinaux, l'ombre fera un angle dont l'ouverture sera proportionnée à sa situation.

Nous observerons qu'il est indifférent de projetter sur un dessin, les ombres à droite ou à gauche. Dans l'hémisphère que nous habitons, lorsqu'un bâtiment est placé en face du midi, et que l'ombre se projette de sa gauche à sa droite, cette direction marque qu'il est éclairé par le soleil du matin. Lorsqu'elle est projettée de sa droite à sa gauche, il est éclairé par le soleil de l'après midi.

Les ombres projettées sur des corps et par des corps dont on connoît la forme et la situation, doivent avoir des contours déterminés, que l'habitude ou la pratique ne peuvent rendre éxactement. Cette partie d'architecture négligée dans presque tous les auteurs, a fait adopter pour l'exécution des dessins, représentant des extérieurs et même des intérieurs, la projection des ombres sous l'angle de 45 degrés ou 50 grades, comme le moyen le plus facile à exécuter, puisqu'il ne s'agit pour marquer la valeur d'un avant-corps que d'en tracer l'ombre au-dessous et à côté, à une distance égale à sa saillie; mais lorsqu'il s'agit de projetter l'ombre d'un corps droit sur une surface circulaire, ou celle d'un corps circulaire sur une surface droite, on ne peut se contenter d'un à-peu-près; il faut alors avoir recours à des moyens géométriques. Quel que soit l'angle de lumière sous lequel on envisage la projection des ombres, le principe de l'opération qui doit en déterminer la forme et l'étendue, est toujours le même; c'est pourquoi nous traiterons d'abord de la projection des ombres sous l'angle de 50 grades, puisque cette méthode est celle avec laquelle on est déjà familiarisé.

Projections des Ombres suivant la direction d'un rayon de Lumiere incliné de 50 grades à l'horizon.

115 Pour tracer les ombres suivant l'angle de 50 grades, il faut concevoir la surface du mur que l'on se propose d'orner, comme faisant partie d'une des surfaces d'un cube placé verticalement au centre de l'horizon, et le soleil situé à l'une de ses diagonales, comme P M, (*fig.* 81), indéfiniment prolongée vers S. Si l'on considère dans l'espace la diagonale S P comme la direction d'un rayon solaire déterminé de position devant la surface antérieure du cube, on voit qu'elle forme avec cette surface et

avec toutes les autres, des angles de 50 grades; et que le plan de ce rayon représenté par la ligne N M, qui passe par le sommet des angles opposés de la surface inférieure, forme aussi avec les cotés de cette surface des angles de 50 grades. Nous avons vu que tous les rayons du soleil étoient considérés comme parallèles à S M ; ainsi un corps comme A B dressé verticalement devant la surface du cube, projettera sur le terrain une ombre dans la direction d'une droite B *b* qui sera parallèle à N M plan du rayon solaire; et elle formera avec la base HK de la surface du cube, deux angles, l'un de 150 et l'autre de 50 grades. Si ce corps avoit une élévation assez considérable pour que son ombre dépassât la base de la surface du cube, elle s'y élèveroit verticalement jusqu'à ce qu'un rayon parallèle à SP, passant par l'extrémité A supérieure du corps, la terminât au point *a*.

L'orsqu'un corps comme D C forme une saillie perpendiculaire sur la surface antérieure du cube, il projette une ombre; cette ombre *c d* est inclinée de 50 grades parce qu'elle est formée par une suite de rayons *sss*, parallèles à la diagonale S M, qui auroient éclairé les points rangés dans la direction D *c*, si la partie saillante sur laqu'elle s'arrêtent les rayons *sss* ne s'opposoit point à leur passage.

Tracer géométriquement sous l'angle de 50 grades l'ombre portée d'un corps dressé verticalement devant une surface plane aussi verticale.

Pour tracer géométriquement les ombres portées, il faut 1°. déterminer sur le plan la position de la surface sur laquelle les ombres doivent se projetter: 2°. faire le plan très détaillé de tous les corps qui doivent les produire, 3°. indiquer par une ligne le plan du rayon de lumière dont on a conçu ou déterminé la position dans l'espace.

116. Soit le plan d'un mur *a b* (*fig.* 82), dont la face antérieure est parallèle à la base de la surface sur laquelle doit être faite la représentation, et *n* le plan d'un corps que nous

considérerons

considérerons comme une simple ligne droite élevée verticalement sur le terrain. Après avoir fait en A B C D l'élévation du mur, et en N n' celui du corps; on déterminera la direction de la lumière par une ligne S O, inclinée de 50 grades à l'horizon, et sur le plan par une ligne *s o* inclinée de 50 grades à la base de la surface antérieure du mur.

Ces préparations achevées, par le plan *n* on mènera une ligne parallèle à *s o*, du point *p* où elle touchera la surface du mur, on élèvera une perpendiculaire. On mènera également par l'extrémité N supérieure du corps une ligne parallèle à SO. L'endroit n'' où elle coupera la perpendiculaire *p* n'' marquera sur le mur la place de l'ombre projettée par le sommet N, et la longueur $n''o$ sera la trace de la portion d'ombre portée par le corps Nn'. Nous disons la portion d'ombre portée, parce que le surplus est tracé sur le terrain compris entre le corps et la surface du mur.

Tracer sur un mur L'ombre portée par un corps formant une saillie perpendiculaire avec une surface verticale.

117. Pour trouver l'ombre du corps saillant indiqué sur le plan par la ligne *e f*, et en élévation par le point E; on mènera sur le plan par le point *e*, une ligne parallèle à *s o* jusqu'a la rencontre du mur *a b* en e': par ce point on élèvera une perpendiculaire; ensuite par le point E qui marque en élévation l'extrémité du corps, on mènera une parallèle à S O; l'endroit où elle coupera la perpendiculaire donnera en e'' l'extrémité de l'ombre.

On voit par ce principe que la longueur de l'ombre E e'' représente l'élévation de la diagonale du cube (*fig.* 81), et qu'elle est la diagonale d'un carré dont les côtés sont égaux à la saillie du corps.

Cette opération est la base de toutes celles que l'on emploie pour tracer les ombres; c'est en la répétant autant de fois que le corps a d'angles saillants et rentrants ou de points donnés sur les parties circulaires, que l'on parvient à rendre compte de leurs formes.

Tracer l'Ombre d'un parallélipipède.

118 Par les angles du plan d'un parallélipipède vertical (*fig.* 83), on mènera des lignes inclinées de 50 grades, et par les sections qu'elles feront sur la surface antérieure du mur X Y, on élèvera des perpendiculaires. Par les angles supérieurs A B du solide, on mènera également des inclinées de 50 grades: l'endroit où elles couperont les perpendiculaires, sera, (comme dans l'opération précédente) la place des points d'ombres portés par les angles du solide. L'ombre de l'angle antérieur A sera en a' sur la perpendiculaire correspondante à l'angle a du plan. L'angle postérieur C sera en c sur la perpendiculaire correspondante au point C. L'ombre de l'angle B sera en b' sur la perpendiculaire correspondante à l'angle b du plan, et l'angle postérieur sera en d sur la perpendiculaire correspondante au point D. Par ces points ainsi trouvés, on mènera deux lignes qui doivent être horizontales, la première $a'b'$ représentera l'ombre portée par l'arrête horizontale supérieure et antérieure A B. Celle $c\,d$ représentera l'arrête postérieure. Les inclinées de 50 grades $c\,a'$, $d\,b'$ représenteront les arrêtes latérales indiquées sur le plan par les côtés C a, D b, ensorte que le lozange $c\,d\,b'\,a'$ est l'ombre portée de la surface supérieure du solide; et les perpendiculaires $c\,c'$, $d\,a''$, $b'b''$, présentent ses arrêtes verticales.

Si le solide dont nous venons de déterminer l'ombre, au lieu d'être parallèle à la surface du mur, étoit posé de manière que ses faces fussent vues inclinées de 50 grades (*fig.* 84), ou inclinées d'une quantité quelconque (*fig.* 85), on trouvera la forme de son ombre en répétant pour chacun de ses angles solides, l'opération que nous venons de décrire.

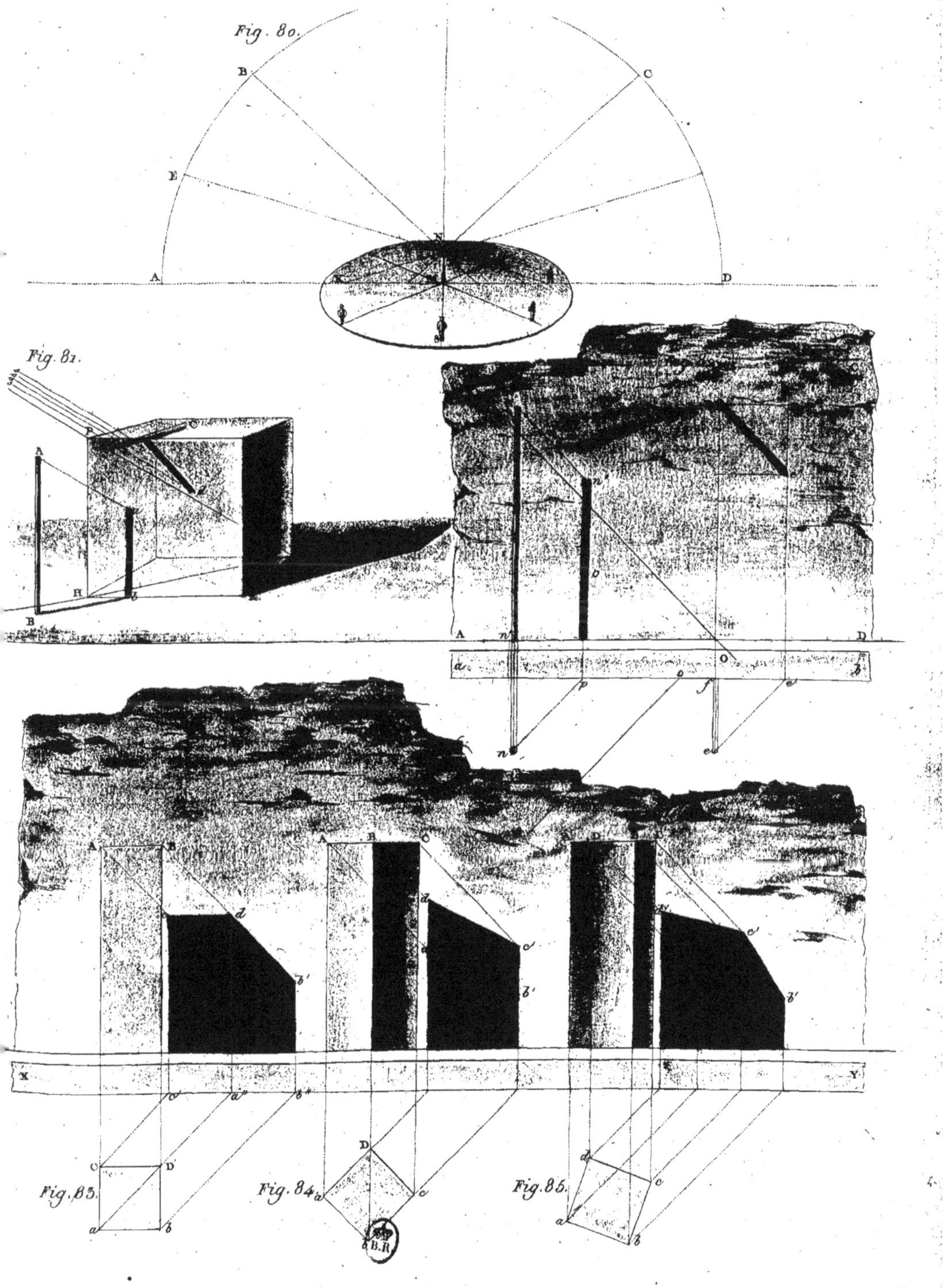

Fig. 80.

Fig. 81.

Fig. 83.

Fig. 84.

Fig. 85.

www.ingramcontent.com/pod-product-compliance
Ingram Content Group UK Ltd.
Pitfield, Milton Keynes, MK11 3LW, UK
UKHW031935260826
14628UKWH00004B/1644

9 782016 112809